el ruido de lun e

Lunwerg es un sello editorial de la Editorial Planeta, S.A.
Diagonal, 662-664, 08034 Barcelona
Juan Ignacio Luca de Tena, 17, 28027 Madrid
lunwerg@lunwerg.com
www.lunwerg.com
www.instagram.com/lunwerg
www.x.com/Lunwerglibros
www.facebook.com/lunwerg

Diseño de cubierta: Carlos Sadness, 2025

Primera edición: noviembre 2025
Depósito legal: B. 11.457-2025
ISBN: 979-13-87761-25-7
*Printed in Spain* - Impreso en España

PEFC Certificado
Este libro procede de bosques gestionados de forma sostenible
PEFC
PEFC/14-38-00305
www.pefc.es

# EL RUIDO DE LAS ESTRELLAS

CARLOS SADNESS

LUNWERG

Al niño que imaginó ser artista
y al artista que nunca se olvida del niño.

A los que todavía me acompañan en el viaje.

SOMOS ESTRELLAS
ARDIENDO en la NOCHE.
Ni siquiera los ASTRÓNOMOS
SABÍAN DARNOS NOMBRE.

# ESTRELLAS PERENNES

En aquellas noches de principios de agosto, solía tumbarme en el corral a contemplar el cielo estrellado. Siempre con los ojos atentos y afilados sobre aquel gris marengo profundo, esperando que una estrella fugaz rasgase el cielo sobre mi cabeza.

Aunque apenas sé identificar unas cuatro o cinco, sé que por ahí brilla Sirio, la estrella amiga de los egipcios. También veo a Arturo, «el guardián de la osa», a la que los griegos veneraban. Alpha Lyrae, el Triángulo de Verano, Betelgeuse…, cada una de ellas permanece inmóvil y paciente, como testigos de todas las noches de la humanidad.

En aquel rincón sin distracciones me encontraba con ellas, puntuales y brillantes desde los tiempos de la antigüedad. «Pero ¿qué pasa con mi estrella fugaz? ¿Es que este verano voy a quedarme sin ver ninguna?», me preguntaba. «Sales a buscar estrellas que huyen cuando te ven y no valoras a las que posan para ti, noche tras noche, desde antes de que nacieras», me respondió una voz joven y burlona desde la oscuridad.

Me quedé en silencio, sintiendo el peso de esa revelación en el pecho. «Así es. Estas siempre están aquí. Sé que todas las noches puedo salir y contarlas», respondí con la sensación de quien piensa en voz alta. «Nunca puedes contar con las estrellas fugaces. Están sobrevaloradas. Deberías ser más agradecido con las estrellas perennes», volvió a decir la voz que venía de ninguna parte. «¿Estrellas perennes?», pregunté sorprendido, pero nadie respondió bajo aquel cielo inmenso lleno de estrellas que no se iban a marchar nunca.

Esa noche dejé de esperar lo efímero.

Me enamoré, para siempre, de las *estrellas perennes.*

## VOLVER a PASAR por el CORAZÓN

He vivido momentos de tanta belleza que mi único miedo es llegar a olvidarlos algún día.

No se trata únicamente de instantes extraordinarios, sino también de aquellos en apariencia simples y cotidianos. A veces, los más vulnerables al olvido. Pequeños fragmentos que, uno tras otro, con el paso del tiempo, han construido mi particular manera de habitar y comprender el mundo. Muchos de ellos sucedieron cuando era niño y, consciente de que la infancia es efímera y no regresa, procuro guardar cada uno de esos recuerdos como un tesoro, sabiendo que no habrá más como ellos.

Tal vez mi estrecha relación con la creatividad y la imaginación tenga algo que ver con mi memoria ligera. A veces, esquiva con los nombres, las caras o las tareas pendientes. Porque temo que esa retentiva caprichosa alcance también a las cosas bellas que vivo. Que, por llegar a normalizarlas, pasen por mi mente como algo abundante y prescindible, desdibujándose hasta volverse vivencias imprecisas.

Podríamos llamar a este miedo *letofobia*. No se trata del temor al deterioro cognitivo, sino del miedo a perder la identidad personal. Y no creo que sea algo nuevo. Desde Platón, que advirtió sobre la escritura como un remedio y, a la vez, un peligro para la memoria, hasta Bad Bunny, con su «debí tirar más fotos», parece que este miedo atraviesa el paso del tiempo.

Por eso, cuando estoy viviendo algo hermoso a menudo pienso casi en voz alta: «Guarda este recuerdo, guárdalo intencionadamente, para conservarlo y no perderlo nunca, para poder volver a él en algún otro momento de tu vida». Me fijo en los colores, en el peso del aire que respiro y su olor, en los sonidos que me envuelven. Hago un esfuerzo por capturar la máxima información de aquello que convierte ese instante en un futuro recuerdo valioso. Sin embargo, cuando esa belleza está en una emoción abstracta, en vez de en un momento tangible, algo que no se puede fotografiar, recurro a la música, hago canciones. Quizás ese sea el motivo por el que escribo este libro: para no olvidar mi historia de amor con la creatividad, el arte y la belleza.

Una amiga escribió un precioso texto en el que recordaba a su padre. En él mencionaba que la palabra «recuerdo» proviene del latín *recordari*, cuya raíz es «cor», 'corazón'. Así, «recordar» significa, literalmente, «traer algo al corazón», pues en épocas antiguas se creía que allí estaban situadas la mente y la memoria, y no en el cerebro. Es una palabra ligada en su etimología al impacto afectivo que las cosas nos dejan. Con el tiempo, ha expandido su significado, abarcando cualquier suceso del pasado, perdiendo parte de esa conexión íntima con las emociones.

Quizás sea una de las etimologías más bonitas que conozco. Pienso en ello cuando regreso al pueblo en invierno y el aire huele a leña quemada saliendo por las chimeneas. No es solo volver al lugar, es llevarlo de nuevo al corazón, donde habitó hace años, cuando esa misma sensación era nueva, placentera y acogedora. Es por eso por lo que amo pasar infinitas veces por la misma carretera que sube a las montañas; mi corazón vuelve a hablarme de las primeras veces en el coche de mis padres, sentado en el asiento de en medio, entre mis hermanas. A veces los lugares cambian, pero la esencia permanece, y siento una serenidad acogedora al volver a ellos, porque allí, en algún momento, estuve en paz. Parece que las paredes, los árboles, las puertas o las cimas rocosas me reconocen, como si también guardasen su propio recuerdo de mí.

Las canciones son como esos lugares: suenan y regresan al corazón, de la mano de una lluvia de imágenes. Tal vez sea ese uno de los motivos por los que hago música, para ponerle de nuevo esa cinta de vídeo VHS al corazón y no perder de vista todo eso que la vida me ha dado el privilegio de vivir. Mientras el tiempo avanza implacable, algunos buscamos la forma de detenerlo, al menos unos minutos, para volver a pasar por el pecho todo aquello que nos ha hecho ser quienes somos.

«Recuerdo», del latín *recordari*, cuya raíz es «cor», 'corazón', porque «recordar» significa «traer algo al corazón».

# la BELLEZA de las COSAS y el HELADO de PISTACHO

Me cuesta mucho tener cosas favoritas en un mundo en el que hay tanto para elegir y en una vida en la que nuestros gustos son cambiantes. Pero hay una belleza que toca algunas cosas en la vida, volviéndolas favoritas.

Recuerdo ser un niño en el paseo marítimo de Calafell, acompañado por mis padres y hermanas. Era por la tarde y, como casi cada día, llegábamos a la heladería La Valenciana para pedir unos helados. Como niño, me atraía el de frutas del bosque, pero mi gusto iba variando según el día y el color que me llamase la atención. Mi madre, sin embargo, casi siempre lo pedía de pistacho. Me dejó probarlo aquel día, y algún otro, y lo volví a probar cuando me lo ofreció de nuevo el siguiente verano en el que todavía era un niño; con el paso de los veranos, perdí la cuenta de cuándo lo probé por última vez. Hasta que un día, bastantes años después, me encuentro frente a más de veinte opciones de sabores de helado en un mostrador y debo tomar una decisión.

Me gusta el de coco, el de leche merengada…, pero el de pistacho tiene buena pinta y lo elijo. Lo pruebo y, antes de notar si está bueno o no, el sabor me transporta directo a los veranos en los que mi madre me daba a probar ese helado. Me lleva al paseo marítimo, a la buganvilla del balcón, a los restos de arena en el sofá, al olor de la crema solar. Me lleva a quien fue mi madre y a quien yo fui entonces. En ese momento, no dudo de que ese sea mi sabor preferido, porque ya no es solamente el sabor lo que me gusta, es que ese helado de pistacho sabe a las cosas que me hicieron feliz algún día. Es un puente hacia todas esas cosas a las que ya no puedo regresar de otra manera.

En ese tipo de conexiones se acaban basando mis gustos: en aquello que pueden ofrecerme más allá de sus propias cualidades. Te gustan esas gafas porque las lleva tu padre en vuestra foto preferida juntos, como la marca de su polo o el modelo de coche que veías aparcado desde el patio del colegio. Los perros que se parecen a tu primera mascota ya no son solo *fox terriers*, sino «Popers», y verás un poquito de ella en cada uno que te cruces. Las canciones de *Revolver* de The Beatles, porque fueron las primeras que pusiste a girar en aquel tocadiscos del salón. El rasgo imperfecto de esa persona, que sin ni siquiera saberlo asocias a alguien que te aportó bienestar y simpatía en un momento tierno de la vida, a alguien que seguramente ya hayas olvidado.

Nuestro gusto está mucho más condicionado de lo que creemos. Quiero pensar que esa subjetividad es lo que define la gran belleza, la que encuentra su razón en lo personal. Cuando algo se vuelve valioso para nosotros porque el mundo bailó para que así fuera.

## el CANTANTE que quería ser PINTOR

De niño, empecé a percibirme como artista casi sin pretenderlo, pero nunca me imaginé siendo cantante, sino pintor.

Aunque cantar me ha llevado a vivir cosas extraordinarias, sigo sintiéndome extraño cuando alguien me llama «cantante». El canto no es mi vida, ni siquiera lo hago de una forma prodigiosa. Lo hago en la ducha, en los ensayos, en escenarios de cientos de ciudades —algunas que no conocía hasta que llegué con mi banda—, pero cantar, en sí mismo, no es lo que me apasiona del arte.

El cantante y el pintor no están tan alejados entre sí y eso es algo que fui descubriendo a medida que me daba cuenta de que lo que me hacía vibrar, en realidad, era el proceso creativo del arte. Ambos eran artistas, ambos daban forma a algo que solo estaba en el pensamiento, ya sea en una pintura o una canción. Los dos tenían el superpoder de dar voz a lo que está en silencio. Lo que me lleva a cantar es lo mismo que me llevaba a dibujar cuando me proyectaba como pintor. Es la sensación que me produce asistir al nacimiento de una idea y verla crecer y construirse, convertirse en algo que ocupa sentidos y emociones. Es en ese proceso donde más disfruto: en la búsqueda, en el reto de dar con las palabras, los colores o las melodías exactas para expresar algo con personalidad y precisión. Ahí siento la electricidad. Por eso, más que cantante o pintor, soy alguien enamorado de la creatividad.

Recuerdo dibujar a diario. Era mi momento de imaginar, de mezclar mundos: el de los dibujos que veía en la tele con mis compañeros de clase, con dinosaurios y naves espaciales. Años después, sentí lo mismo con la música. La diferencia estaba en la técnica, en la manera de formalizarlo, pero no en la emoción.

Así pues, la creatividad siempre ha sido una especie de amiga invisible. Le he confiado secretos, tristezas, momentos de alegría. Ella me ha permitido conocerme mejor, y eso, más que llenar teatros o sumar miles de escuchas, es lo que más valoro del arte. Su capacidad para dar un sentido bello a la sensibilidad.

En este libro quiero hablar sobre la creatividad en muchas de sus formas. A través de mi existencia como cantante y compositor, de mis inquietudes artísticas y de la manera en que fui encontrándome con el gusto personal, la concepción de la belleza o la inspiración. Hablar de esos momentos en los que la creatividad y yo nos encontramos cara a cara.

De pequeño me enamoré de ella, sin ponerle nombre ni rostro, y todavía sigo explorándola, intentando conocer todos sus vértices. Tantos años después, aún la siento generosamente infinita.

## PICASSO, MIRÓ y LA ISLA BONITA

Yo era un niño de unos cuatro o cinco años y el *Guernica* de Picasso colgaba en el salón de casa. Mi padre me explicó que lo que se situaba en el centro de la obra era un caballo, pero un caballo pintado de una forma particular. Pintado a través de la mirada de Picasso. Si uno fotografía un caballo, lo que mostraría la fotografía sería algo muy distinto a lo que nos muestra el pintor en este caso. Con el tiempo, entendí que ahí estaba el valor de los artistas: su capacidad para mostrarnos la realidad a través de su propia interpretación y sensibilidad. La realidad compartida con el mundo se transforma en algo irrepetible a través de su elección de palabras, formas, colores, melodías, pasos o movimientos. Ese caballo es, a su vez, un grito entre sombras y luces, una figura rota en diagonales punzantes. No es solamente un animal herido, sino una historia de dolor en un nuevo mundo que se presenta en blanco y negro.

Eso es algo que me ha hecho valorar a los artistas: su propia interpretación de un mundo que compartimos todos. Valoro al artista que me enseña la realidad compartida a través de su sensibilidad única. Que transforma algo común en algo irrepetible a través de sus expresiones.

Otro día hablamos de Miró y decidimos pintar unas camisetas como él lo haría. El mundo a través de Miró se simplificaba en formas y colores primarios. Trazos irregulares, líneas negras que se expanden y chocan con amarillos, rojos o azules. Aquel día creamos unas camisetas simulando su estilo, y eso me hizo entender que cada artista tenía su forma realmente diferente de representar el mundo. Ese descubrimiento marcó mi relación con la creatividad, dándome a entender que cada personalidad artística era única y que, en la gran mayoría de los casos, su valor residía más en su creatividad que en su técnica. Ese es uno de mis primeros recuerdos creativos. Y si bien es algo difuso por mi corta edad, no olvidaré nunca su sentido.

Soy el máspequeño de una familia de tres hermanos, hermanas en mi caso, y la mayoría de los recuerdos infantiles que tengo con mis padres y hermanas son momentos compartidos creando: dibujando, inventando obras de teatro con las *titelles* que dormían en el altillo, bailando Michael Jackson, inventando el final de los cuentos que ellas empezaban... o ayudándolas a forrar las carpetas con recortes de revistas de música. Generalmente, de cantantes de pelo largo o *looks* pintorescos de Madonna.

Todas aquellas personas que se juntaban en los laterales de las carpetas me despertaban admiración y curiosidad. No estaban allí por ser guapos, ni por ganar peleas o marcar goles, como en los cromos de mis compañeros del colegio; estaban ahí porque hacían algo tan emocionante como inventar canciones.

Y sí, algún día íbamos al jugar al fútbol, pero ¿qué emoción tenía chutar un balón comparado con dibujar lo que había en la imaginación? Me encantaba ir en bici, meterme en los peores caminos con ella o ir a natación los jueves, aunque al principio lo odiaba por esa horrible técnica de ponerse de rodillas en el borde de la piscina para dar una voltereta en la que casi siempre me entraba agua por la nariz. No era un niño sedentario, realmente no paraba quieto. Pero el dibujo siempre fue mi entretenimiento preferido, a pesar de requerir «estar quieto» para hacerlo.

Recuerdo la primera «hora libre» que nos dieron en clase para hacer lo que quisiéramos. Empecé a dibujar lo que recordaba ver desde la ventana del aula. «¿Eso es lo que hay en la calle?», me preguntó la profe. Sí, pero yo estaba sentado en un pupitre desde donde no se veía, así que usé el recuerdo y la imaginación. Dibujé las tiendas que recordaba y el resto lo inventé, añadiendo coches futuristas que volaban y algún dinosaurio. Porque alterar la realidad en su representación era un ejercicio muy divertido.

Muchos años más tarde, cuando empecé a ser conocido en la música y a dar entrevistas, me preguntaron miles de veces si mis padres eran músicos. La verdad es que no. Siempre vi a los músicos como figuras lejanas, con un talento complejo que no parecía estar fácilmente al alcance de nadie. En casa nadie tocaba un instrumento. Mi hermana mediana se apuntó a clases de guitarra, pero fue a poquísimas y abandonó. Recuerdo que decía que le dolían los dedos. Mi tía, algún día, nos enseñaba una canción sobre patitos que sabía tocar con cuatro acordes. Aquellas guitarras se quedaron acumulando polvo en algún altillo durante años, hasta que casi veinte años después pregunté: «¿Dónde está la guitarra de Marta?».

Nunca sentí que fuera imposible dedicarme al arte. Mucha gente habla de atraer lo que deseas para conseguirlo, pero yo creo más en crecer sin miedo, en haber sido un niño al que nadie le ha dicho que algo es imposible. A veces los límites más fuertes son los que nos enseñan de pequeños, como ese elefante que no se escapa porque cuando era una cría no podía con la estaca a la que estaba atado, y de adulto ya ni siquiera lo intenta. Crecer sin miedo a fallar, sabiendo que si algo no sale no va a ser un drama, es lo que te permite intentarlo todo.

En casa no había músicos, pero el arte estaba siempre presente. Había una fuerte pasión e interés por la música, la fotografía y la pintura, una pasión que normalicé al crecer con ella. Se hablaba de artistas, de pinturas y de canciones bonitas que sonaban en el tocadiscos del comedor o en el radiocasete del Opel Ascona en el que viajábamos. Mi padre llegaba cada pocos días con discos nuevos y los escuchábamos para decidir cuáles nos gustaban más. ¿Cómo sonaría la música que había tras aquella portada? ¿Quiénes eran los cuatro tipos que cruzaban la calle por el paso de peatones y que en otra portada están dibujados en blanco y negro? ¿Quién es el tonto Simón y por qué no tiene elección? ¿Quién es esa chica que canta en inglés, pero sabe decir en castellano «la isla bonita»? Normal que, cuando yo hice mis propias canciones, acabara titulando una de ellas *Isla Morenita*. En aquel momento, el arte me planteaba infinitas preguntas que despertaban, por encima de todo, la curiosidad de un niño.

## la FÍSICA MODERNA y la CREATIVIDAD OMNIPRESENTE

Hay una frase atribuida a Albert Einstein que me gusta mucho: «La creatividad es la inteligencia divirtiéndose». Einstein fue un curioso insaciable que utilizó la física y las matemáticas para buscar respuestas, pero fue su enfoque creativo lo que le convirtió en un genio único. Creía que la imaginación era más importante que el conocimiento, porque este está limitado, mientras que la imaginación abraza lo infinito, el progreso y la evolución. Lo demostró con su teoría de la relatividad, al ir más allá de la física clásica newtoniana y desafiar las ideas aceptadas.

Así nació lo que hoy conocemos como «física moderna». ¿Te suena ese nombre? Inspirado por esa idea de reinventar de forma creativa las vivencias del amor, cuando ya no se ama por primera vez, escribí mi canción. La física moderna, al igual que la canción, nació de un pensamiento libre y creativo.

No hace falta querer ser artista, diseñador o guionista publicitario para que la creatividad se convierta en algo diferenciador. Creo en la creatividad que enriquece quienes somos, que potencia nuestra identidad. Algo muy sencillo y cotidiano. ¿Cómo llamas a tu pareja? Si tu respuesta es «gordi» o «bebé», espero que no te importe que millones de parejas se llamen así entre ellas. Lo curioso es que conozco parejas que usan los mismos apodos con sus exnovios, con los actuales y probablemente con los futuros.

Seguro que hay alguna anécdota que os une a ti y a tu pareja que podría inspirar un apodo diferente. Algo que surgiera de vuestros primeros recuerdos juntos, tal vez un personaje o un adjetivo. Tal vez empezasteis muy despacio, fuisteis muy prudentes al comenzar, y os llamasteis «prudi». O quizás compartisteis memes de gatos y os llaméis «karencios». Lo que quiero mostrar con este ejemplo tonto es que podemos ser creativos en todo, para crear un universo propio, elegido por nosotros mismos y no dictado por un algoritmo o una costumbre.

Ser creativo es saber preparar un plato rico con las cosas sueltas que quedan en la nevera. Es enseñar algo a tus alumnos con una anécdota ingeniosa el día que más pasotas están. Es pensar un plan para animar a un amigo, para hacer un regalo diferente y memorable. Me encanta cuando la gente es creativa con su sentido del humor en vez de repetir coletillas de la serie de moda o del último meme viral. La creatividad es una habilidad esencial para renovarse en un mundo cambiante.

Volviendo a mi infancia, me recuerdo como un niño un poco payaso. Como la creatividad en el dibujo no era suficiente, a veces la aplicaba en el humor, era mucho más sencilla de compartir. No era consciente, pero era creativo. La creatividad no me llevó a ser un niño reservado encerrado en el acto de dibujar, sino que me animó a inventar bromas o planear situaciones divertidas que compartir con mis compañeros. Era mucho más extrovertido que ahora, me gustaba presentar las galas del colegio o interpretar personajes. La inocencia desbordada puede ser vitamina pura para la creatividad.

Todo esto me lleva a pensar en Dick Fosbury, un atleta que competía en salto de altura en los años sesenta. En su adolescencia, las técnicas tradicionales de salto le generaban cierta dificultad, y por ello probó a correr hacia el listón siguiendo una trayectoria curva y saltar de espaldas al mismo. Cuando lo puso en práctica en las Olimpiadas de México de 1968, a la mayoría de la gente le pareció una forma extrañísima de saltar, pero esa

CRECER SIN MIEDO A FALLAR,
SABIENDO QUE NO PASA NADA SI TE EQUIVOCAS,
TE PERMITE INTENTARLO TODO.

nueva manera de hacerlo le permitió ganar el oro aquel mismo año y revolucionar el estándar de salto de altura, demostrando cómo la creatividad es también una forma de superar los propios límites.

No necesitamos lienzos ni instrumentos musicales para expresarnos con creatividad. No es una forma de adornar la realidad, sino de vivirla con otros ojos. Cada día, en cada acción, somos también creadores.

# ADEU, COBI

Yo debía de ser muy pequeño la primera vez que vi a Cobi, pero siempre me despertó simpatía. A Cobi le pasaba lo mismo que a aquel caballo del *Guernica*: era un perro, pero no lo parecía demasiado. Desde luego, lo parecía menos que Snoopy, Pluto, Odie —el compañero de Garfield, cuyos cómics me encantaban— u otros perros de mi imaginario infantil. Cobi fue conquistando nuestros corazones y nuestras casas a través de camisetas, pegatinas, chapas y todo tipo de *merchandising*. Era imposible que no acabase siendo uno de tus mejores amigos.

El día que las Olimpiadas terminaron, recuerdo que lo vi por televisión desde casa de mi padrino Miguel, en el pueblo de Huesca donde veraneábamos. En el Estadi Lluís Companys se alzaba en vuelo un barco de papel inflamable mientras sonaba *Amigos para siempre*. El único tripulante era Cobi, que volaba hacia el cielo entre el sonido de la música y el ruido de los fuegos artificiales.

«En ese momento en que vi estallar en tus ojos / los fuegos artificiales que cruzan el cielo, / entendí para siempre el sentido de lo verdadero», dice la canción *El Gran Momento*.

«¿Se va volando?», le pregunté a mi padre. «Sí, ¿te imaginas que acaba cayendo en nuestra terraza de Barcelona?», respondió él en broma. Supe que era una broma, pero nuestra terraza estaba en las faldas de Montjuïc, a menos de un kilómetro del estadio.

Terminó agosto en el pueblo, con todas sus innumerables aventuras con primos, tíos y hermanas, y volvimos a Barcelona. Cuando entramos en aquel piso cerrado en el que parecía que se había detenido el tiempo durante el verano, mi madre subió las persianas y yo fui corriendo a la terraza, a ver si allí estaba descansando Cobi.

## lo PERFECTAMENTE IMPERFECTO

Aquella pintura vibraba. Parecía que el paisaje tuviera los pequeños movimientos del viento y el parpadeo vibrante de la luz. Era un cuadro de Van Gogh que colgaba en el salón de mis abuelos. Me enseñaron sus girasoles, su habitación de extraña profundidad y su noche estrellada, con la que me reencontraría muchos años después en el MoMA de Nueva York. De niño, no me sentía tan atraído por el arte técnicamente perfecto. Aquellas figuras realistas de las iglesias no tenían la magia que me despertaban los cuadros cubistas, surrealistas o abstractos. Ellos rompían las reglas, no intentaban reproducir la realidad, la transformaban en función de sus intereses expresivos.

La libertad creativa me resultaba más emocionante que el virtuosismo técnico, pues, aunque este fuera admirable, no estimulaba de la misma forma mi imaginación. Aquello que era perfectamente imperfecto a mi vista no me daba todas las respuestas, sino que me invitaba a encontrar las mías. La perfección se me presentaba como un espejo sin misterio, y siento que la obsesión por ella en el arte condujo a muchos artistas a una forma de artesanía donde reinaban las normas por encima de la expresión del individuo.

La imperfección, por el contrario, nos invita a mirar más allá de la superficie, hacia lo humano, lo incierto y lo vulnerable. Y siento que en ella hay más verdad que en lo impecable. Mientras lo perfecto es replicable y predecible, el error es una celebración de lo espontáneo. Por eso, aquel grito de Munch no era un grito realista, sino una expresión errática del tormento del artista.

Así, enseguida entendí que el arte no necesitaba ser exacto ni ser entendido completamente, porque su belleza estaba en la carga emocional que contenía.

Y seguí dibujando, inventando historias o canciones a la Luna cuando no podía dormir, entendiendo que aquello no era algo reservado solo a los genios, sino que era también mi manera de existir. Nunca me pregunté si quería ser artista, porque de alguna forma ya sentía que lo era. El arte había invadido mi realidad y comenzaba a construir algo que definiría mi vida para siempre.

Recuerdo que me gustaba mucho la clase de música, sentía que se me daba bien, y puede que a la profesora también le diera esa impresión, ya que un día trajeron un teclado y me eligió a mí para enseñar a tocarlo. Con la mano izquierda tenía que marcar un ritmo en unos acordes y con la derecha hacer la melodía. Era difícil coordinarlo, empezaba bien, pero acababa perdiendo el tempo.

«Bueno, da igual, será mejor que lo toque Alexander», dijo entonces la profesora. Él era un niño majísimo que había aprendido a tocar el piano en casa. Se sentó en mi lugar e hizo correctamente el trabajo. En aquel momento, no me sentí frustrado, más bien interpreté que la música era algo realmente difícil de ejecutar, algo para lo que había que prepararse toda la vida y que quizás no era para mí. Ahora pienso que, si la profe hubiera tenido un poco más de paciencia conmigo, tal vez le habría perdido el miedo, habría sentido la música más accesible y me habría acercado a ella mucho antes de lo que lo hice.

Al comenzar el curso, mis hermanas mayores forraban las carpetas con fotos de diferentes músicos. Empecé a ver en los cantantes que habitaban los laterales de aquellos archivadores una especie de referentes. No quería ser como los chicos mayores de octavo que se peleaban entre ellos en broma, prefería ser, nada más y nada menos, como Kurt Cobain, Anthony Kiedis o Shannon Hoon. Todos tenían una cosa en común, aparte de que dos de ellos no llegarían a cumplir los treinta años: el cabello largo.

Con ocho o nueve años le dije a mi madre que yo también lo quería llevar así. Ella me dijo que era muy pequeño para eso, así que acordamos esperar hasta los catorce y eso hice. Cuando finalmente dejé crecer mi melena, me acostumbré a que a veces me confundieran con una chica o alguien me gritase «maricón» por la calle. No me llegó a molestar; por algún motivo, quizás por imitación de aquellos cantantes, creía que mi imagen debía reflejar mis referencias e inquietudes artísticas. Quizás era una forma de empezar a explicarle al mundo que me sentía artista.

El primer día de bachillerato, a mis dieciséis, la directora del colegio se acercó a mí y me dijo: «Hasta que no te cortes el pelo y te vistas como una persona normal no vuelvas». No volví. En casa, mis padres se indignaron. Recordé haber oído que una chica mayor había cursado el bachillerato artístico en un centro de Barcelona. Propuse cambiar de colegio. No me daba miedo empezar de nuevo; a pesar de sentirme querido por mis compañeros y profesores, siempre había sentido que no podía compartir ni desarrollar demasiado mi lado creativo en aquel lugar. Era algo que había llevado en soledad fuera de casa, nadie más dibujaba ni le interesaba, nadie intercambiaba cintas de música a excepción de un par de amigas y nadie quería aprender a tocar un instrumento para formar una banda.

Todo era fútbol, fútbol en el patio, en Educación Física, en las extraescolares, en las colecciones de cromos... Parecía que el colegio quería ser La Masía del Barça y esa insistencia exacerbada en ese deporte, como si no existiera otro, me llevó a aborrecerlo totalmente. A pesar de adaptarme y jugar con mis compañeros, era —y soy— incapaz de ver un partido completo. No conectaba con aquella euforia desmedida en las victorias, ni con los protagonistas de los goles. Que en el recreo se jugase a eso un día, dos, tres..., vale, pero ¿qué sentido tenía jugar cada día? Cuando el aburrimiento futbolístico me invadía trataba de congregar pequeños grupos alternativos con los que poder hacer cualquier otra actividad o algo que a veces parecía imposible: conversar.

Con perspectiva, siento que fue muy bien empleado el tiempo de aquellos recreos en hacer algo más que correr detrás de un balón. Era creativo buscar alternativas que convencieran a la gente, era incluso un ejercicio de empatía escuchar qué les apetecía hacer o sobre qué les gustaba hablar a los demás, aunque el objetivo final simplemente fuera evitar vivir el día de la marmota futbolera. Sentía vacía aquella pasión que parecía ser la única que emocionaba a los chicos, lo que me llevó a abrir más mi amistad con las chicas, especialmente si les gustaba la música.

En el nuevo colegio encontré algo distinto. Recuerdo el momento de cruzar la puerta de aquella nueva clase y encontrarme con miradas ilusionadas. La gente quería saber de mí, enseñarme sus dibujos, ver los míos, escuchar las canciones que estaba empezando a componer. Fueron dos años en los que aprendí a compartir e intercambiar ideas artísticas, donde no tuve que excusarme por mi cabello o forma de vestir, donde mi autenticidad era un puente y no una barrera.

Curiosamente, en mi clase solamente éramos cuatro chicos, así que el ambiente forofo de fútbol desapareció y encontré en mis compañeras una sensibilidad similar a la que se vivía en mi casa con mis padres y hermanas, esta vez con gente de mi edad. Eso me hizo sentir mucho menos raro o solo, y me di cuenta de que lo que antes podía llegar a disimular, ahora era valorado por todos. Me empezó a gustar ser así, mucho. Agradezco a mi familia no imponerme ser «más chico o más macho», por comprender que prefería ir a dibujo antes que a fútbol sala, y por no transmitirme la idea de temer que la gente no me aceptase por algunas pequeñas diferencias. El valor de una identidad libre no estaba en romper las normas, sino en vivir sin miedo a ellas.

En la contraportada del disco que cambió mi vida hay un homenaje al niño que soñaba ser artista de pelo largo. Una fotografía de mi silueta, con la melena al aire, capturada por mi querido Álvaro Sanz, fotógrafo y profesor mío, que siempre creyó que yo podía hacer cosas bellas. *La Idea Salvaje* es un regalo a ese niño. La silueta del cantante es la sombra de aquel sueño que hoy se proyecta en la realidad.

EL VALOR DE UNA
IDENTIDAD LIBRE NO ESTABA
EN ROMPER LAS NORMAS,
SINO EN VIVIR SIN
MIEDO A ELLAS.

## el AMOR

El amor, en mis canciones, ha sido casi siempre una excusa para hablar de otras cosas: para retratar a personas (*Miss Honolulu, Te Quiero Un Poco, Chihuahua, Sebastian Bach*), para señalar otras emociones simultáneas, hacer una crítica o congelar un momento preciso. El amor es el arroz que permite saborear en conjunto el resto de los ingredientes de la paella. No existen tantas historias de amor como canciones adornadas con esa temática. Quizás se deba a que las canciones tienen el poder de idealizar y expandir momentos breves o emociones casi imperceptibles, transformándolos en algo más grande que la realidad.

He estado enamorado pocas veces en mi vida, me han gustado pocas personas, pero observar con detenimiento los matices del amor me ha dado para escribir decenas de canciones diferentes. Siempre he creído que el amor es una de esas pocas cosas indomables que escapan a nuestra razón. Y eso me encanta, porque me recuerda que no todo puede ser controlado o planeado. Su fuerza supera la lógica. Se construye con algo de realidad y otro tanto de imaginación, expectativas y necesidades, volviéndose incontrolable. Es inspirador en todas sus formas. Y es que el amor tiene tantas formas como canciones bellas se pueden llegar a escribir.

A pesar de eso, no hay nada que aborrezca más que una canción evidentemente cursi. Aquella que cae en lo obvio, en lo predecible. Como si estuviera diseñada para cumplir con una fórmula estándar de sensibilidad aplicable a todo el mundo. Como si cada amor no fuera único. El amor puede ser exagerado o disimulado, pero nunca debería expresarse desde lo tópico y lo típico, volviéndolo común y vulgar.

Mi proyecto final de carrera fue una campaña publicitaria que reinventaba el amor. Rompía con las ideas románticas clásicas y presentaba un amor generoso, del que la gente pudiera sentirse orgullosa, un amor del que presumir. La presentación comenzaba diciendo que si les contaba a mis amigos que me había hecho un tatuaje, todos celebrarían la idea y querrían verlo. Pero si les decía que estaba enamorado, muchos se reirían o harían alguna broma incómoda, hasta hacerme sentir vergüenza por ello. Esa idea de reinterpretar y defender la ternura me ha acompañado desde entonces, años y años, y a menudo asoma la cabeza en mi música. La ternura como acto de rebeldía en un mundo donde se premia todo lo contrario.

Muchas veces he proyectado en la música el amor que me gustaría sentir o tener. He oído a personas desear un amor como el de mis canciones y, en realidad, eso mismo es lo que yo también he deseado muchas veces. Siento decepcionarles. Algunas de las canciones que hablan del amor más brillante las escribí cuando peor estaba con alguien, como si pudiera crear una pequeña burbuja donde refugiarme para creer que eso existía. Para creer que yo también era capaz de sentirlo, aunque la vida no me lo estuviera regalando en ese momento.

El amor —o por lo menos el germen del amor basado en la atracción— llegó a mi vida, cómo no, de la mano de la pasión artística. Que una chica llevase una camiseta de un grupo que me gustaba era algo que llamaba mi atención, que me hacía pensar que con ella sí podría compartir ese mundo que, hacia fuera, permanecía casi en silencio.

En este mundo que nos obliga a ser fríos,
fuertes e independientes, la ternura es todo un acto de rebeldía.

## la CONTEMPLACIÓN

Uno se detiene ante un paisaje y cree que, al sacar el móvil y fotografiarlo, se lleva algo de ese lugar consigo. Pero más tarde, al ver la imagen, sabe que nada es lo mismo. Sabe que en la foto falta algo, que hay una dimensión que no se aprecia. Aunque se trate de un sencillo campo con pequeñas montañas al fondo, esa imagen de alta resolución y miles de megapíxeles no puede capturar con toda precisión ese momento.

Uno se detiene ante un paisaje y si realmente quiere contemplarlo, deberá dedicarle un poco más de tiempo del que solemos conceder a las cosas en este mundo de inmediatez. Salir de uno mismo y verse como una mancha de colores artificiales que se ha colado en ese escenario que le es ajeno. Apreciar a qué huele ese lugar, identificar algunas de las cosas que se escuchan y qué colores se distinguen al pasear la vista por él. Solo en la contemplación se capta realmente la forma y el sentido de las cosas. Solo en la contemplación era capaz de ver una estrella fugaz en las noches que miraba al cielo en el corral. Si nos precipitamos, solo habremos pasado por allí, pero no habremos estado realmente.

Estar es enfrentarse incluso al aburrimiento, llegar a ese punto en el que hemos agotado todos los detalles perceptibles y empezamos a imaginar lo que allí sucederá cuando ya no estemos, cuando la luz se disuelva y todos los colores pierdan saturación hasta que la noche los iguale en un gris profundo.

Una vez, mi padre me hizo contemplar un paisaje sencillo antes de volver a casa. Era un paisaje que había visto muchas veces en mis pocos años de niño, pero dijo algo que cambió mi forma de mirarlo: «Mira esto, porque en dos horas estaremos en Barcelona y ya no lo tendrás». En aquel momento, observé aquel trozo de mundo de una forma diferente. Me fijé en el color del cielo y en la forma de las nubes, sentí la temperatura, dejé que el aire me envolviera y olí los colores de los campos. Escuché las conversaciones de los agricultores desdibujadas por el viento. Y, en definitiva, contemplé por primera vez. Comprendí que contemplar convierte lo ordinario en extraordinario. Lo aparentemente simple en algo lleno de matices.

Con el tiempo he aprendido que la contemplación no es solo un ejercicio sensorial; es una forma de resistencia ante la prisa, un acto de presencia que nos sitúa en el ahora. Muchos artistas, además de ser creadores, son observadores ávidos del comportamiento humano; se detienen a mirar lo que otros solo ven de pasada. Esforzarse en comprender a quienes son diferentes a nosotros es también una forma de contemplación, una rebeldía contra lo superficial. Quien mira con profundidad, quien observa con verdadera atención, está más cerca de comprender, y quien comprende, inevitablemente está más cerca de crear.

# la EXPRESIÓN ABSTRACTA y el EFECTO 2000

Recuerdo el momento exacto en que el arte abstracto me sobrecogió.

Era el año 2000. Parecía que el mundo entero entraba en una nueva era, una vez superado aquel temor al gran fallo informático llamado «efecto 2000». Estrenar milenio daba una verdadera sensación de estar habitando el futuro y más aún con estrenos de películas como *Matrix*. Llegó a mis manos mi disco preferido de Red Hot Chili Peppers, con aquella portada naranja y azul que sonaría una infinidad de veces en mi *walkman*: «*How long, how long...*».

En España, lo haría de la mano del rap de 7 Notas 7 Colores, que fue lo primero del género que escuché, junto a CPV, que aunque eran grupos de los noventa lograron su mayor popularidad en los 2000. Y también apareció Estopa, una de esas bandas que cambiaron las reglas del juego, demostrando que cualquier persona aparentemente normal, accesible y sencilla podía llegar a ser una estrella.

Bajo esa misma filosofía surgió algo que iba más allá de lo estrictamente cultural, pero que acabaría afectando a la cultura pop de esa nueva era: la irrupción de *reality shows* como *Gran Hermano* u *Operación Triunfo*. Estos cambiaron la percepción de la fama para siempre e hicieron resonar aquellas palabras de Warhol que afirmaban que, en el futuro, todo el mundo podría ser famoso, aunque solo fuera por quince minutos. Empezaba una nueva era en la que la fama ya no era algo reservado únicamente a los artistas, deportistas o figuras millonarias, sino que pasaba a estar al alcance de cualquiera, de una manera casi instantánea que luego se disolvería con la misma rapidez.

Era el inicio de esta sensación tan actual de la popularidad viral: una canción en tendencia, un meme que nos gusta usar unas semanas, pero que al poco tiempo ya huele a antiguo y desfasado. La fama se democratizó, pero también se volvió fácilmente desechable. Y aunque las redes sociales no existieran como las conocemos ahora, empezaba a ser más fácil intercambiar referencias culturales gracias a foros, chats, blogs o el revolucionario Fotolog, pocos años después.

Mientras todo eso ocurría, el tiempo se detenía para mí delante de un cuadro sin formas. No había nada más que pintura sostenida en aquel lienzo, más grande que yo mismo. El cuadro se volvió mi paisaje y encontré, en esa frontera difusa entre dos colores, un horizonte en el que perderme en infinitas ensoñaciones.

Internet era una ventana que se abría al mundo y yo miraba a través de aquella ventana pintada por Rothko, colgada en la Fundació Joan Miró de Barcelona. Después de contemplar aquella obra, entendí que la emoción no la contenían las formas, sino que era algo volátil y sutil, presente en el arte más allá de la representación. Que entre la obra y el espectador existía un espacio abierto para interpretar y proyectar, sin historia, pura evocación.

Me gusta pensar que, tras ese momento de catarsis ante la obra, ni yo ni el mundo volvimos a ser los mismos. Uno, por la revolución de los bits que corrían a través de cables telefónicos, y otro, por el expositor que encontraría allí, en internet, para todas las obras que estaban por llegar en lo que acababa de comenzar: el futuro.

Pasado un tiempo, he pensado que, en aquellos años, terminó el mundo real y lo que vivimos ahora es un tiempo añadido. Una especie de epílogo digital que poco a poco —o bastante rápido para la historia humana— vamos perfeccionando hasta que la realidad se vuelva innecesaria. Ya no nos basta con vivir, todo debe ser transformado en contenido. Hemos inventado una nueva libertad que nos hace estar más presos de otras cosas, de mayor exigencia respecto a nuestra imagen o mayor necesidad de validación. Hemos expandido el mundo más allá de lo físico para olvidarnos del mundo analógico, ese para el que estábamos diseñados. Aquel mundo de ritmos lentos que ahora nos parece torpe frente a la inmediatez del nuevo mundo digital.

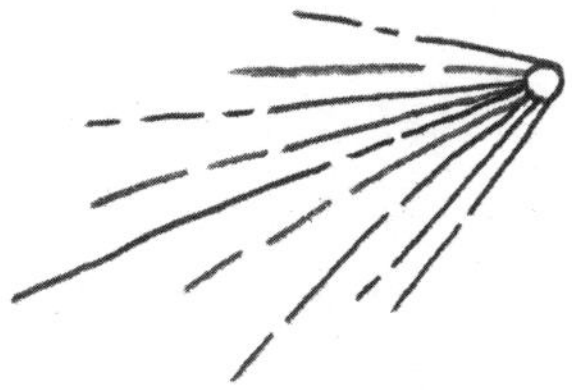

## LECHE con CHOCOS

En casa jugábamos a hacer canciones tontas sobre las cosas de nuestra rutina. Un día, mi hermana Marta trajo un disco de música funk-hiphop instrumental y me salió cantar algo sobre aquellas bases, hablando de su merienda preferida: la leche con cereales Chocos. Le compartí la letra y nos grabamos como pudimos cantando sobre aquella base instrumental. Habíamos hecho nuestra primera canción, y nos volvía locos escucharla y cantarla mil veces. Se convirtió en el himno de la merienda. Las frases y melodías eran de risa; parecía un *jingle* publicitario sobre las particularidades de comer cereales de chocolate. Todo en sí era una broma, pero fue tan divertido y emocionante que enseguida pensé: ¿y si pudiera hacer esto en serio?

En tercero de la ESO, todavía en el colegio del que me invitaron a irme, intenté convencer a mis compañeros para formar una banda. Fue imposible. Supongo que porque implicaba aprender a tocar instrumentos, y muchos de ellos ni siquiera escuchaban música hecha por grupos. La idea les parecía divertida, pero el interés era nulo. Yo ya tenía el nombre: «Goodbye Sadness», inspirado en el disco de Smashing Pumpkins *Mellon Collie and the Infinite Sadness*. Pero como no hubo manera, me quedé con el apellido de la formación, me convertí casi sin querer en Carlos Sadness, de los nunca existentes Goodbye Sadness. No es que me encante, pero tener el nombre de una banda imaginaria, soñada, que nunca existió, tiene algo poético.

Un día me di un paseo por la calle Tallers, epicentro de los músicos alternativos de Barcelona. Tiendas de discos y de camisetas de grupos, junto con locales de venta de instrumentos, llenaban la zona. Fue allí donde vi un cartel de unos chavales que buscaban cantante con las influencias que a mí me gustaban, así que decidí conocerlos. Me parecieron majos, el bajista algo menos, pero su hermano cantaba en un grupo que sonaba algo en Barcelona, y eso me hizo pensar que se lo tomarían en serio. Estuve improvisando melodías en un inglés inventado sobre lo que tocaban, cantamos alguna versión de Incubus y me aceptaron.

Empecé a hacer canciones, pero el bajista insistía en que fueran en inglés. Yo no me sentía cómodo cantando en un idioma que no sabía pronunciar tan bien, así que seguí llegando con ideas en castellano hasta que se hartó. Y como era su grupo, me echó. Me supo mal, pero pensé que el nombre de la banda era horrible y el local estaba demasiado lejos de mi casa. La chica con la que estaba en aquel entonces, que era mi primera novia, me consoló diciéndome que no me preocupase, que lo mío era dibujar, que con la música no iba a llegar a nada.

Aunque no fuera a llegar a nada, seguía queriendo hacer música. Preparé un cartel que decía: «Cantante busca banda» y lo colgué para probar suerte. Me llamó bastante gente, probé con varias formaciones y todo el mundo fue muy agradable conmigo. Para mi sorpresa, me quisieron en la mayoría, pero finalmente me quedé con los que me parecieron más simpáticos. Con ellos aprendí mucho, y llegamos a dar tres o cuatro conciertos en bares pequeños. Evidentemente, solo venían a vernos los amigos, pero era increíble hacer música. Me pasaba los días pensando en las letras y melodías, esperando que llegase el día de ensayo para ponerlas en común con ellos en aquel sótano húmedo de la periferia de Barcelona. Mientras mis compañeros de clase iban a las discotecas de tarde, yo prefería soñar con acordes, versos y estribillos.

En primero de bachillerato ya tenía un puñado de canciones, las iba apuntando en una hoja separadora de mi carpeta. Nunca imaginé que aquello pudiera ir más allá, jamás pensé que grabaría un disco, que estaría en las tiendas o que gente desconocida iría a mis conciertos a cantar mis temas. En ese momento, era feliz haciéndolas, sin ninguna ambición. Disfrutaba del proceso. Cuando no esperas nada, no existe el fracaso ni la frustración.

Un día, un amigo DJ que metimos en el grupo me propuso grabar algo sobre alguno de sus *beats* de rap. Compartí aquellas canciones en MP3 con los amigos y uno de ellos las subió a internet sin decirme nada. Al cabo de unos días me contó emocionado: «Tío, tienes que grabar más, la gente me pide más música tuya».

Sin saberlo, estaba viviendo el comienzo de una nueva era en la que los artistas podían llegar directamente al público sin pasar por radios o discográficas. Yo seguí grabando lo que se me ocurría, los fines de semana cantaba con amigos en plazas del barrio de Gràcia o de Marina. Grabé varios CD con esas canciones y los llevé a una tienda de la calle Tallers donde conocía al dueño. Cuando alguien en la plaza preguntaba por mi música, le decía: «Puedes pillar mi maqueta en Discos Tesla de calle Tallers».

El dueño de la tienda me llamó a los pocos días para pedirme el triple de copias, las había vendido todas.

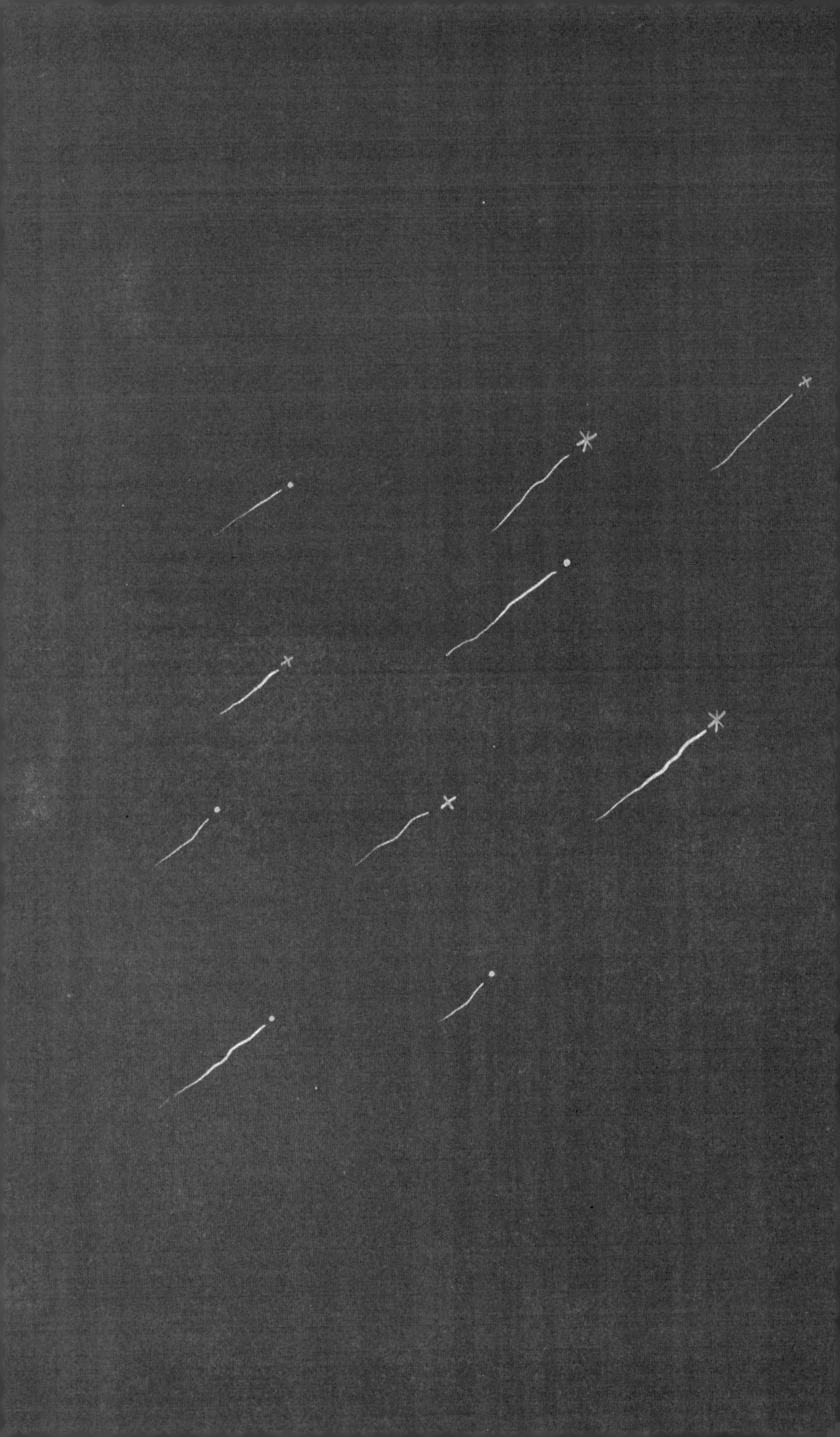

## el FUTURO INSPIRA
## (y un poquito más de amor)

«Debe haber tantas situaciones detrás de cada canción», me dice... Y entonces pienso en lo de siempre: escribo sobre el futuro, sobre un posible futuro cercano, que ya casi es presente. Pienso en las canciones que nacen de una pequeña frase del momento que vivo, pero que mira hacia el futuro y me parece que es algo así como construir una casa en la que vivir alrededor de la cama desde la que sueño. Pocas veces ha sido el recuerdo lo que me ha llevado a escribir; muchas más ha sido todo eso que siento que está a punto de llegar. Escribir sobre el pasado es una forma de recopilar, recordar y reinterpretar, pero, como amante de la creatividad, me resulta más satisfactorio escribir sobre lo que creo que puede pasar, sobre los escenarios imaginarios y las posibilidades que se abren en mi presente hacia un lugar desconocido, pero intuible.

Soy optimista. Quizás por eso muchas canciones que he escrito, empujado por esa construcción del futuro, tienen una tendencia alegre. Recuerdo haber escrito canciones de amor puro, tierno y bello en los momentos en los que menos lo sentía, quizás como un reclamo a la vida, quizás para agarrarme a la idea de que ese sentimiento existía y que no estaba condenado al vacío emocional de mi pobre amor. ¿Es triste que sea así?

Quizás, siendo realistas, no hay amor más grande que el idealizado. Por eso, las veces en que la gente se ha sentido más enamorada coinciden con el momento de empezar a conocer a alguien, porque con frecuencia, más que conocerlo, estamos imaginando lo que nos gustaría que fuese, unas con más acierto que otras. Incluso hay quien se siente más enamorado de la persona con la que nunca tuvo nada que de algunas de sus parejas.

Algo parecido sucede con muchas canciones de amor. Los amores que nunca se vuelven realidad, que crecen y se mantienen en la imaginación, son terreno fértil para la idealización y la creatividad.

Es injusto para el amor cotidiano, que se nutre de elementos, problemas y sacrificios reales, competir contra un amor mágico, casi provocado por los sueños y los astros. Un amor que late sin enfrentarse a nada más que a su inexistencia en el plano real. Es completamente injusto, y quizás por eso nos han empalagado las historias de amor exagerado. Y por eso también es interesante conectar con un motivo del amor real para escribir sobre él. Que la obra resalte la importancia de algo simple y lo vuelva relevante; algo que todos podamos vivir, pero que nos haga sentir únicos por experimentarlo a nuestra manera.

¿No es el amor el tema más recurrente en la cultura y, a la vez, algo único e irrepetible cuando nos atraviesa? Quizás esa es la temática de *La Idea Salvaje*: convertir el *amorus communis* en algo extraordinario, algo que «sucede una vez y nunca más». O donde se crea toda una historia de viajes al espacio, aterrizajes bajo la mirada del presidente de los Estados Unidos y ruedas de prensa, solo para decir que, después de conocer decenas de planetas habitables y habitados en el espacio, tras recorrer tantísimos mundos, no he visto nada que me guste tanto como tú. Un regreso al realismo.

Vaya, eso de «vivir para contarlo» nunca ha sido algo con lo que me haya identificado mucho. Me resulta más cercano el «soñar para contarlo», aunque suene cursi; imaginar para contarlo, suponer para contarlo. Y esto me lleva a pensar en mi pintor favorito.

# TIGRE en una TORMENTA TROPICAL

No recuerdo cómo llegó Henri Rousseau a mi vida, pero hoy el primer cuadro que hay al entrar en mi casa es suyo. En el piso antiguo del Eixample presidía mi estudio de trabajo. Y es que cuando empecé a decorar mi casa pensé que debía explicar algunas cosas de mí de forma indirecta. El último cuadro que pintó, antes de morir ese mismo año, se llama *El sueño* y está expuesto en el MoMA de Nueva York. Retrata a su amante sentada en medio de la selva, pero su manera de pintar la jungla y los animales es muy especial, seguramente debido a que nunca estuvo en una selva de verdad y todo lo aprendió a dibujar él mismo a partir de libros ilustrados de la época o fotografías de animales disecados. ¿Puede haber algo más creativo que recrear un lugar donde nunca has estado? ¿Más que imaginar y representar vivo y vibrante a un animal que solamente has visto disecado? Lo hacía apasionadamente y con mimo en sus detalles, guiándose por las plantas que a él le parecían bellas, la luz que a él le parecía interesante y los animales que cuadraban en la obra. El pintor que nunca estuvo allí e hizo su propia interpretación, me encanta demasiado eso.

La crítica del momento se reía de muchas de sus obras, de su visión naif del mundo y su bajo nivel técnico para pintar, pero a mí me fascina que desarrollase su estilo siendo autodidacta, más guiado por lo poético e intuitivo de su mirada que por la ambición de tener un hueco entre sus coetáneos siguiendo las tendencias. Es para mí un artista *indie*, que trabajaba sin un presupuesto que le permitiera viajar a conocer culturas exóticas, sin poder permitirse maestros de pintura y fiel a su propia personalidad.

Casi dos años antes de su muerte, Picasso se lo encontró intentando vender algunos cuadros en la calle. Se dice que el español admiraba la forma de pintar desacomplejada y natural de Rousseau, libre y sin limitaciones académicas. Así que Picasso decidió montar una fiesta en honor al francés en su taller de Montmartre invitando a varios artistas de la ciudad. Asistió el propio Henri y entiendo que debió sentirse halagado ya que Picasso era lo máximo en aquel momento, aunque no se sabe si muchos de ellos lo tomaron como una burla o como un homenaje verdadero. Quiero pensar que muchos lo sintieron de forma sincera, pues el poeta Apollinaire estuvo allí y más adelante fue quien escribió el epitafio de su tumba. Pero el faranduleo es tan esnob y tan poco honesto hoy que me cuesta creer que los artistas y sus moscas volantes fueran mejores personas hace un siglo.

En cualquier caso, Henri, si me lees desde uno de tus selváticos sueños, acompañado de gitanas y encantadoras de serpientes, quiero decirte que eres mi pintor favorito y una gran inspiración creativa para mí.

Por cierto, la obra que cuelga en la entrada de mi casa es *Surpris!*, también conocida como *Tigre en tormenta tropical*, y me la regaló mi hermana mayor, Ana, por uno de mis cumpleaños, mientras componía *Diferentes Tipos de Luz*. Creo que es la primera obra selvática que pintó Rousseau y sí, el tigre parece disecado, pero aun así se le escucha rugir las noches que hay tormenta en la ciudad.

COMPRENDÍ QUE CONTEMPLAR
CONVIERTE LO ORDINARIO EN
EXTRAORDINARIO
Y LO APARENTEMENTE SIMPLE,
EN ALGO LLENO DE MATICES.

## to SHEILA

A mis dieciséis años, en un concierto, conocí a alguien que vivía en otra ciudad. Un día, con la idea de diluir aquella sensación de distancia física, decidimos escuchar los dos, a la misma hora exacta, la misma canción. De aquella manera, aquel momento estaría sucediendo igual en dos lugares del mundo y se crearía un pequeño espacio personal, no solo basado en el pensamiento o lo imaginario, sino reforzado por la capacidad mágica de la música, de existir una o millones de veces en un instante compartido. La canción que elegí escuchar fue *To Sheila* de Smashing Pumpkins.

La siguiente vez que la escuché esperaba el bus para ir al instituto. Empezó a sonar en mis auriculares y, sin que lo esperara, una lágrima tímida se me escapó. Me sorprendió, porque nunca antes había llorado escuchando música. En mi adolescencia, casi siempre escuchaba música enérgica y escandalosa que canalizaba mi energía. Fue bonito emocionarse con una canción. Sería la primera de muchísimas veces. Con el tiempo, también me emocionarían libros, películas, paisajes y hasta momentos en los que la luz del cielo está bonita. Me convertí en alguien profundamente emocional y mis gustos comenzaron a virar en esa dirección, dejando de lado las bandas guitarreras y abrazando proyectos que canalizasen y acompañasen la sensibilidad.

Aprendí mucho sobre el lenguaje emocional con el arte. Identificar las emociones es imprescindible para conocer la verdadera naturaleza de nuestras necesidades. Creo que la música es una de las herramientas más poderosas de conexión emocional. Nos ayuda a reconocer, distinguir e identificar lo que sentimos. Porque es fundamental, por ejemplo, no confundir el miedo con la rabia, ni los nervios con la culpa. Para eso necesitamos aprender el lenguaje de las emociones. Pero ¿cómo se aprende? Imagino que como todo, a base de observación y consciencia, pero especialmente a través del arte. Las historias contenidas en una pintura, en una película o en una canción nos ofrecen un aprendizaje indirecto del lenguaje emocional. A través de sus contextos y matices nos ejercitamos en reconocer sentimientos, incluso cuando no los estamos viviendo de forma directa. Es curioso como a veces nos emociona una canción cuya letra ni siquiera entendemos, únicamente por la intención de su melodía. No siempre ocurre así, claro, hay un arte más abstracto, minimalista o técnico que busca otras rutas.

Lo que consumimos en nuestra infancia y juventud construye, en parte, nuestro lenguaje emocional. Por eso me da miedo que la música de consumo actual se limite al deseo físico, al poder y la dominación, a la fiesta o a la euforia perpetua. Esos elementos existen y tienen un lugar, claro, pero si los niños, y también los no tan niños, aprenden a identificarse emocionalmente solo a través de ese repertorio, corremos el riesgo de perder el valor de la ternura, la vulnerabilidad o la duda. Ofrecemos un aprendizaje quebrado. Sería como mudarse a un país que habla otro idioma sabiendo decir únicamente frases para seducir, como si todo se redujera a: «No me importa que tengas novio, quiero bajar tu *pantisito* Fendi». Cuando la cultura glorifica la vida materialista y performativa, y romantiza la superficialidad, nos deja en un plano unidimensional. Nos prepara para un mundo sin la hondura necesaria para un bienestar emocional sostenible. Y ahí empieza a doler el mundo.

Quizás el día que lloré por primera vez escuchando una canción fue el día en que empecé a construir mi resistencia cultural. El día en que comprendí que ese era, tal vez, el verdadero motivo de hacer música.

Las obras que más me han conmovido a lo largo de la vida han sido aquellas que me han devuelto a momentos ya inalcanzables. Como cuando escuchas algo que suena exactamente igual, aunque todo lo demás haya cambiado, como si las melodías fueran un lugar que conserva y protege lo que se ha llevado el tiempo.

## un MINUTO para el ABSURDO

Mis hermanas crecieron siendo muy melómanas. Su adolescencia trajo a mi vida grupazos como Nirvana, Red Hot Chili Peppers o Smashing Pumpkins, así que yo llegué a la mía escuchando *grunge* y pop alternativo. Antes de eso, en casa sonaban Simon & Garfunkel, The Beatles o, en castellano, El Último de la Fila y Radio Futura. Y, por parte de mi madre, y seguramente de ahí viene mi influencia más latina, Roberto Carlos.

Durante muchos años la música ya estaba puesta en todas partes, así que no desarrollé un especial interés en descubrir nuevas bandas. Sin embargo, con la adolescencia parecía que todas las que existieran fueran pocas. Sentí que saber de música era una forma de ser más culto, y me atraía un poco más que la literatura.

En tercero de ESO coincidí con un sacerdote que visitó el colegio. Yo había ido siempre a una escuela pública y nunca había tratado con gente muy religiosa, pero durante aquel recreo estuvimos hablando. A los pocos días volvió a buscarme y me regaló un libro. «He pensado que te gustará leerlo», me dijo. Se titulaba *Un minuto para el absurdo*, de Anthony de Mello. Fue la primera vez que leía algo que cuestionaba, de forma accesible, mi forma de ver el mundo. No puedo decir que me cambiara, pero sí despertó en mí la inquietud de volver a leer, de cultivar mi mente. Puede que incluso me obsesionase durante un tiempo con la idea de ser una persona especialmente culta a través de la lectura.

Mi hermana Marta estudiaba filosofía y a menudo me hablaba de Nietzsche, Camus y otros colegas. Así que, a pesar de no querer convertirme en filósofo, empecé a interesarme por absorber algo de la sabiduría que desprendían aquellos nombres. Leí a Schopenhauer, quedé fascinado con los relatos de Kafka, soporté a Tolstói y aprendí del humanismo de Erich Fromm, entre muchos otros.

Schopenhauer, aunque no era mi favorito, decía que el arte nos permite escapar del deseo y del dolor que habitan en la existencia humana. Quizás la adolescencia sea justamente eso: una etapa de deseos y dramas perfecta para que la semilla del arte germine. Tal vez por eso los dibujos dejaron de ser un pasatiempo y se convirtieron en una forma de consuelo, de esperanza o de llanto mudo. Erich Fromm, del que he podido heredar cierto idealismo, hablaba del arte como del amor: algo que se aprende y mejora con la práctica. Señala que todo el mundo nace con la capacidad de amar y de crear. Solo hace falta querer hacerlo cada vez mejor.

Había otro autor, sin embargo, mucho más esteticista e irónico que me dejó fascinado. Me impactó su forma de convertir el dolor en algo hermoso y de habitar el sufrimiento de una forma brillante y elevada. Hablo de una de las lecturas que más me llegó en aquella época: la carta de Oscar Wilde a su amante, Alfred Douglas, desde la prisión de Reading.

La belleza que había podido apreciar en la música o la pintura se presentó ante mí en aquella caída en desgracia de Wilde tras el abrumador éxito en su vida. Cometí el error de dejar ese libro a una chica que empezaba a gustarme. Ojalá pudiera recuperar aquel ejemplar subrayado, con los márgenes llenos de anotaciones hechas por mi yo adolescente. En un tiempo en el que casi nadie compartía mis inquietudes, me gustaba la idea de que podía haber alguien con quien compartir aquel mundo de referencias. Creo que eso era lo que hacía que me fijase en alguien. En cierto modo, buscaba arrancarme así un trozo de soledad.

La segunda o tercera vez que nos vimos, sentados en el *carrer* Ample de Barcelona, un chico mayor se me acercó y me dijo: «No sabes la suerte que tienes», señalándola a ella. En aquel instante comprendí que mi percepción no era solo mía y que su atractivo debía ser evidente para cualquiera. Y, lejos de sentirme afortunado, me invadió una inseguridad desconocida que me llevó a intentar no verla como algo más. Mi autoestima adolescente aún no estaba preparada para sostener ese rechazo.

Casi veinte años después de perdernos la pista, me escribió para vernos. Días más tarde, me confesó que sentía algo por mí y me pregunté si solamente era por quien yo era ahora o también lo había sentido por aquel adolescente que le prestó un libro que nunca regresó. No tuve el valor de preguntarlo, de nuevo, para no herir a aquel chaval que todavía habita en mí. Pero sí le pregunté si conservaba el libro. No se acordaba, y si alguien no se acuerda de un libro es porque probablemente nunca lo leyó. Apunté su dirección y lo pedí *online* desde el anonimato, porque supongo que nunca es tarde para leer un buen libro, aunque no esté subrayado por aquel adolescente que se construía como artista. Ojalá pudiera recuperar esa versión.

## la IDENTIDAD vs. la TENDENCIA

Una de las cosas que, en mi opinión, otorgan mayor autenticidad a un artista es la capacidad de mantener su identidad por encima de cualquier estilo, género o, sobre todo, tendencia. Porque si uno quiere ser moderno, ser *cool* todo el tiempo, llega un momento en que tiene que abandonar parte de su equipaje para cambiarlo por otro completamente nuevo... y posiblemente ajeno. ¿Dónde queda entonces la identidad? Condicionada por completo al dictado de la modernidad. A menos que hayamos construido nuestra personalidad sobre una única idea: ser modernos venga lo que venga. Sin más trasfondo que permanecer ahí, adaptándonos a lo que llegue. Pero incluso esa forma de estar, basada en el cambio constante, acaba revelando su fragilidad. Cuando todo vale, cuando todo puede ser reemplazado, ¿qué queda realmente nuestro?

También ocurre en el público. Hay quienes desean ser devotos de lo *cool*, sin más profundidad. Aceptan con naturalidad ese estilo de vida cambiante y no debería frustrarnos que nuestra obra, aclamada un día, deje de serlo al siguiente. La renovación de la tendencia se alimenta de abandonar lo ya consumido, lo anterior. Aunque ese «anterior» seas tú.

Cuando hablamos de autenticidad, pensamos a menudo en el artista torturado, el que bebe hasta el amanecer o vive al límite. Y aunque eso puede ser auténtico en su contexto, creo que la verdadera autenticidad surge cuando alguien logra conservar su identidad original en su máxima expresión. ¿Cuántos artistas se han puesto una chaqueta de cuero y hecho un *fuck you* en las fotos para explicarnos que son auténticos roqueros? ¿Cuántos más repiten la misma pose, el mismo discurso, la misma actitud?

Ahora lo vemos con los artistas urbanos que utilizan las mismas palabras de moda en las canciones. Cuando el género se antepone a la identidad, lo que parecía disruptivo se convierte en norma. La diversidad artística se disuelve y aparecen los estándares. Lo hemos visto mil veces: un género explota, se pone de moda y, de pronto, cientos de bandas repiten la fórmula hasta agotarla. Seguro que te vienen ejemplos a la cabeza. Cuando todo se satura de copias, solo queda espacio para la identidad.

La libertad creativa puede verse muy limitada si uno se empeña en respetar los géneros. Pero es innegable que el público conecta más fácilmente con una estética reconocible que con el carácter único de un artista. Aun así, esa identidad es lo que mejor puede evolucionar con naturalidad, porque está viva, porque se transforma con la experiencia y con el tiempo. Priorizar un género sobre lo verdaderamente característico puede llevar a un artista a interpretar emociones y actitudes con las que no se identifica, y ahí es donde desaparece la autenticidad: cuando se deja de ser honesto para encajar.

Recuerdo que durante algunos años hice canciones de rap. Mientras mis intentos de bandas de pop-rock se desarmaban y nacían otras nuevas, el rap parecía un camino más accesible: bastaba con encontrar un *beat* y escribir encima. Las primeras canciones fueron bien recibidas. Tenían algo distinto, algo lógico si mi identidad venía del *indie* y el *britpop*, aunque usara el rap como herramienta de expresión. Pronto llegaron los puristas del género a señalar que lo que hacía no era suficientemente «rap», a invalidar mi autenticidad porque no cumplía con los estereotipos. Me acusaban de ser blando, de no tener la crudeza necesaria. Y era cierto. Pero solamente lo era dentro del marco del rap.

Supongo que por miedo a perder esa popularidad que había ganado, empecé a endurecer las letras. A decir cosas que jamás habría dicho en una conversación, a forzarme en una dureza que no era mía, solo para ganarme la aceptación de aquel público que quería escuchar un género, no un artista. Y funcionó.

Sin embargo, en el proceso me di cuenta de que estaba negociando mi identidad para cumplir con las reglas del género. Buscaba un equilibrio imposible entre quién era y lo que aquella gente esperaba que fuera. Tenía diecisiete o dieciocho años, así que no me culpo. Pero recuerdo con claridad la frustración de ver cómo mi identidad era puesta en duda cada vez que intentaba mostrarla. Aún no entendía su valor, y tampoco ayudaba que quienes consumían ese tipo de música se encargaran de invalidarlo.

Creo que hasta que no se normalizó el consumo de música en plataformas, cuando la gente pudo escuchar de todo sin casarse con un solo estilo, fue muy difícil desafiar los cánones. Cuando publiqué mi primer disco, *Ciencias Celestes*, aún quedaban restos del *hiphop* en mis canciones, y recuerdo que un chico de Universal Publishing me dijo: «Esto es demasiado pop para los raperos y demasiado rapero para el pop. No va a funcionar».

Quizás tenía razón. Fue mi disco menos exitoso. Pero ¿qué ha pasado con la música diez años después? El pop ha sido completamente conquistado por lo urbano. Esa mezcla que antes era un problema se ha convertido en el nuevo estándar. Ahora, ese tipo es mánager de artistas que hacen precisamente pop-rap. Lo que los puristas tanto temían, y por lo que castigaron a tantos artistas que nos atrevimos a cruzar límites, terminó definiendo la música de una generación.

## el AUTÓGRAFO

✱

Al cumplir los diecisiete, fuimos a una *jam* donde cantaban unos colegas y donde mis amigos y yo podríamos subir a tocar alguna canción. De hecho, yo estaba anunciado como invitado, debía ser la segunda o tercera vez que subía a un escenario. Al poco tiempo de llegar, se acercó una chica con uno de los CD que vendía en aquella tienda de la calle Tallers y me pidió que se lo firmase. «¿Cómo te voy a firmar un autógrafo yo?», le pregunté. Era una pregunta honesta, nacida de la absoluta incredulidad. Me resultaba extraño que me pidieran algo que hacían los artistas consagrados y no alguien como yo, que aún vivía la música como un juego. Pero la chica insistió en que lo hiciera. Se llamaba Rosa. Fue una sensación extraña, pero emocionante. Aquel autógrafo significaba que alguien se sentía agradecido con el creador de las canciones. Me daba pudor, como si al firmarlo estuviera dando por hecho que mi nombre tenía algún valor especial. Quizás fue la primera vez que sentí que alguien me veía más grande de lo que yo me veía a mí mismo. Una imagen que aún no reconocía.

La semana siguiente, tomando algo por el barrio de Gràcia, otra chica se acercó y me pidió que le firmase una servilleta. La mayoría de mis amigos, también compañeros musicales, empezaron a bromear con el asunto. Hacían como si, de pronto, yo fuera famoso. Fue una sensación agridulce: por un lado, sentía que lo poco que había hecho hasta entonces estaba llegando a la gente; por otro, apareció en mí un sentimiento de culpa frente a mis colegas. No sabía que esa sensación me iba a acompañar durante muchos años. Como era el más nuevo, parecía que tenía que pedir perdón por recibir cumplidos. Consiguieron que llegase a avergonzarme de que la gente me pidiera fotos o firmas, era como si eso me restase autenticidad.

La situación se intensificó a medida que me iban invitando a tocar en casas okupas o *jams* improvisadas. Mi Messenger se llenó de solicitudes de gente que no conocía y tuve que abrir una nueva cuenta solo para mis amigos y luego otra más porque la gente la descubrió. Comenzaron a escribirme personas de otras ciudades de España para invitarme a tocar y decidí que no quería ir acompañado de aquellos que bromeaban sobre mi pequeño éxito. Empecé a hacer una criba en mis amistades musicales. No me costó convencer a otros amigos para acompañarme; mi inocencia no me permitía darme cuenta de que, en realidad, todos querían estar cerca de esa oportunidad de poner tu música más allá de tu pequeño círculo.

Apareció Myspace y colgué algunas canciones. Rápidamente empezaron a sumar un número de escuchas notable, incluso por encima de muchos artistas que tenían discos editados y discográficas detrás. Se había democratizado el alcance de la música.

Conocí a Pablo en un evento y enseguida nos hicimos amigos. Me pareció alguien genuino, sensible y talentoso. Además de un amigo, encontré en él un gran acompañante creativo, alguien con quien compartir ideas y sueños. No veía en él esa rara ambición o elitismo que desprendían muchos otros habitantes de la hostil escena musical *underground*, así que decidí llevármelo a tocar a Granada, Almería, Córdoba, Bilbao, Tenerife…, allá donde me llamasen. Es muy difícil explicar la sensación que tenía al ver a gente haciendo cola para entrar a mis conciertos, más difícil aún asimilar que, aunque no llegasen a cien o doscientas personas, se sabían todas las canciones. Recuerdo lo locos que nos volvimos al ver la fila de gente esperando para entrar en una sala de Granada. Viajábamos sin reservar hoteles, durmiendo en las casas de la gente que íbamos conociendo o en el coche, aparcado en algún campo. Recuerdo que una mañana me despertó el relincho de un caballo al lado de la ventanilla. Nos dejaban llaves de pisos de sus padres con total confianza, una noche llegó por sorpresa una fan mientras dormía, otras, había que salir corriendo antes de que llegase la abuela.

No sé cómo sobreviví mentalmente a las cosas surrealistas que empezaban a ocurrir en mi vida. O quizás sí lo sé. Todo fue paulatino y había algo que me bajaba de ese pequeño éxito: no ganaba dinero, tampoco era alguien famoso cuando iba a comprar el pan o al supermercado. Era todo muy divertido, pero no podía vivir de ello. Aun siendo conocido en aquella burbuja, tenía que conseguir un trabajo para vivir. Así que mi prioridad fue terminar la carrera y empezar a trabajar como director creativo en una agencia de publicidad.

El último año de carrera, una mujer que había visto mis trabajos de la universidad me invitó a una fiesta para presentarme a su pareja, un director de cuentas de una agencia de publicidad. Todo me sonó un poco raro, pero a los pocos días entré a trabajar en esa agencia. Luego, otra más grande fichó a mi jefe, y este me pidió que fuera con él. Aquello me hizo sentir muy valorado en lo profesional y pensar que, definitivamente, mi creatividad había encontrado su lugar en el mundo práctico. Utilizaba mi talento creativo para algo que, ahora sí, me daba dinero. Quizás había llegado el momento de centrarse en esto y dejar la música en un segundo plano.

Hasta que, pasados unos meses, mientras trabajaba, recibí una llamada telefónica que lo cambiaría todo: «¿Eres Carlos? Soy Natalia Flores, de Universal Music España».

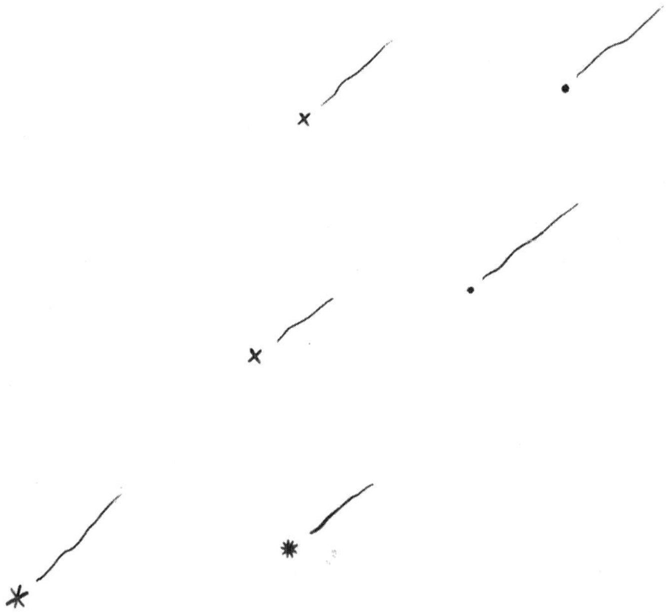

## la LLAMADA

La siguiente frase que esa chica de Universal —la A&R, la persona que en la discográfica trata con el artista y quien se suele encargar de fichar nuevos talentos— dijo fue: «Vamos a publicar el disco de Porta y lo que más nos gusta del disco es la parte en la que tú cantas. ¿Te gustaría publicar un disco con nosotros?».

No creo mucho en eso de que el destino esté escrito, pero sí creo que no podía escapar del arte. En aquel momento estaba totalmente volcado en la publicidad. Trabajaba como director creativo y cobraba más o menos bien para mi nivel de experiencia justo al terminar la carrera. Hacía pequeñas campañas para marcas como Carolina Herrera o Nestlé. Pero la música volvió a buscarme. Volvió el arte cuando yo lo había dejado en un segundo plano. No era algo que estuviese buscando conscientemente, no mandé maquetas a nadie, pero de alguna manera siento que la música me esperaba pacientemente. Como si supiera que antes necesitaba entender quién era, calmar el ruido y ganar perspectiva. Como si me hubiese dejado un margen para luego regresar cuando menos lo sospechaba.

El arte supo esperar. Como si tuviera la certeza de que la oportunidad llegaría cuando estuviera listo, aunque yo no lo supiera del todo. Aunque había elegido la publicidad, sentí que la música me estaba eligiendo a mí. Como si hubiera algo por encima de nuestras propias elecciones conscientes. Me hizo entender que nuestra vida no se define tanto por lo que decidimos hacer, sino por lo que en esencia somos. Ese motivo, destino, misión o como queramos llamarlo, está intrínsecamente conectado con nuestra verdad más profunda. Y, aunque miremos a otro lado o tomemos otro camino, siempre encontrará el camino hacia nosotros. Y lo digo desde una idea casi existencialista, como alguien que no cree en el destino escrito, pero sí en la coherencia invisible entre lo que somos, lo que necesitamos y lo que terminamos haciendo.

# las RAY-BAN en la CARA de mi PADRE

Eran los noventa en un pueblo de la Costa Daurada, concretamente en Segur de Calafell. En el apartamento de mis abuelos reinaba un sofá ochentero con estampado de palmeras en el que siempre había algún granito de arena. Como si guardase recuerdos de la playa mientras yo perdía dioptrías jugando a la Game Boy y mi padre se quedaba dormido durante la siesta, con un folleto de crucigramas entre las manos.

Recuerdo que aquellos veranos él llevaba unas Ray-Ban Wayfarer color carey. Aunque el carey no es un color, sino una mezcla de tonos que recuerda al caparazón de una tortuga. También hay gatos que se llaman así: los que tienen el negro y el naranja entremezclados en su pelaje, como mi gatita Susi. En el balcón, la buganvilla se enredaba, subiendo desde el piso de abajo, y no sé si me fascinaba más su nombre exótico o su color morado.

Mis hermanas ponían el disco de Los Rodríguez y yo, que no tenía cama ni habitación en aquel pequeño apartamento, dormía entre sus dos camas juntas, viviéndolo más como una aventura que como un inconveniente.

En la playa, memorizaba los colores de nuestra sombrilla antes de caminar hacia el puerto, para poder encontrarla de nuevo entre las miles que se amontonaban en la orilla aquellos días de agosto. Hacía amigos que no volvería a ver hasta el verano siguiente. En algún momento, todos desaparecimos, como desaparece la niñez sin avisar, diluida entre el ruido del tiempo.

Mi padre se veía muy *cool* con aquellas Ray-Ban, pero como todo lo que tiene un ciclo, las gafas, como los amigos de verano, también debieron desaparecer o envejecer tanto que perdieron el interés.

Más de diez años después, cobré mi primer sueldo en la agencia de publicidad. Había hecho trabajos puntuales de diseño o ilustración para ganar algo de dinero, pero ese fue mi primer sueldo de verdad. Había acabado la universidad y entrado en una agencia como director de arte junior, o creativo, un poco de todo. Con ese dinero recién ganado, fui a comprarme esas Ray-Ban, en el mismo color. Ahora entiendo aquel gesto casi como un acto simbólico.

Las llevé en mi primer concierto al aire libre, también en mi primer Arenal Sound, y en muchos otros *shows*, hasta que empezaron a aparecer en videoclips, fotos de promoción y, por supuesto, en Instagram. Ray-Ban llegó a pagarme por llevarlas pocos años después de haber invertido en ellas parte de mi primer sueldo.

Un día, en Madrid, concretamente en Malasaña, cómo no, un chico me paró por la calle y me dijo: «Crees que esas gafas te quedan bien, pero te equivocas». Me hizo bastante gracia que me dijera eso de la nada, sin conocerme ni haberle preguntado. Agradecí su espontánea opinión, pero siempre he pensado que, más allá de si me quedaban mejor o peor, esas gafas representaban algo más profundo. Como si al ponérmelas pudiera saber tanto de arte, cultura o política como mi padre en aquella foto de los veranos antiguos. Como si al ponérmelas pudiera estar más cerca de aquellos momentos. Quizás era una forma de parecerme a mis padres, porque no me parezco mucho a ninguno, ambos han sido siempre mucho más guapos que yo.

## MIDIENDO el TIEMPO

Me pregunto cómo sitúa el pasado, de forma ordenada en el tiempo, la gente que no hace canciones. Imagino que es más sencillo de lo que pienso, pero yo me perdería en los recuerdos sin las canciones y los discos que he ido dejando como migas de pan por el camino. No lo digo tanto por lo que cuentan las letras, que no son un diario personal, sino por lo que me llevó a escribirlas, por el momento exacto en que lo hice.

Los momentos creativos son casi efemérides. Recuerdo perfectamente la canción de los cereales con mi hermana, o el verano de mis dieciocho, en que me marché de Barcelona al pueblo tras las fiestas del barrio de Gràcia. Al anochecer di un paseo por el camino que va a los huertos y escuché como nunca antes el fuerte ruido del viento contra los árboles. En el ejercicio de contemplar, me quedé escuchándolo hasta que los grillos se pusieron a cantar y algo me empujó a ir corriendo a casa a escribir.

Creo que me conozco mejor desde que soy otro.
Solo si se va soledad me quedo solo,
vosotros no conocéis este abandono,
me fui sin hacer ruido, sin relojes, sin teléfonos.
Yo solo y el canto de algún grillo.
Y la contemplación de alguna constelación de poco brillo.

Recuerdo cómo esas frases se convirtieron en canción y la sensación, una vez más, de tener un trozo único de un pequeño universo. Tantísimos años después, siento exactamente lo mismo. Esa sensación no ha envejecido, no se ha oxidado ni ha perdido su brillo. No deja de encogerme el pecho por más que la repita.

Hacer una canción siempre va a ser algo único e inexplicable por todo lo que te lleva a escribirla.

Por eso, algunas personas medimos el tiempo con canciones. Y no me refiero solamente a quienes las hacemos. La música está presente en las fiestas, en los viajes, en los momentos importantes. Como si pudiéramos poner un marcador en los eventos con el título de alguna canción.

A diferencia de otros estímulos, escuchar música involucra al sistema límbico y al hipocampo, responsables de las emociones y la memoria, creando asociaciones realmente fuertes entre una canción y el momento de escucharla. ¿Nunca has escuchado eso de que las personas con alzhéimer han despertado recuerdos que parecían olvidados a través de la música? Y es que nuestro cerebro no solamente está «oyendo», sino que está activando múltiples redes neuronales a la vez. Y cuantas más áreas del cerebro participan en un proceso, más fácil es recordar esa información en el futuro.

La corteza prefrontal ordena los recuerdos, trae al presente las sensaciones pasadas que se relacionan con esa canción. Algo así como mi helado de pistacho o la magdalena de Proust, donde un estímulo sensorial, como el oído, provoca de manera involuntaria el regreso de recuerdos que parecían olvidados. Acostumbrado a que el mundo artístico esté siempre lleno de subjetividades, encuentro de gran valor las justificaciones científicas a muchas de las experiencias del arte.

Esa manera de situarme en el tiempo no solo me ayuda a ordenar cronológicamente mi vida, sino a acceder a las preocupaciones, ilusiones o detalles de cada momento. Sé qué bambas llevaba aquel año porque recuerdo mis pies sobre aquel escenario. La camisa, la chupa o los anillos. En concreto, ese que aparece girado en la portada de mi álbum *Tropical Jesus*, el único que no me robaron el día que entraron en mi casa porque lo llevaba puesto. El paisaje que me hizo elegir las palabras. La carretera de California, cerca de Yosemite, cruzando las secuoyas, en la que tarareaba lo que días después sería *Adiós a los Dinosaurios*: «Subido en el árbol milenario». El interior del coche parado en el arcén de la carretera cuando se me ocurrió eso de: «Qué Electricidad, vaya conexión». La fila del avión en la que iba sentado cuando pensé *Ahorita*. El taxi tras mi primer *show* en Jalisco de *Longitud de Onda*, sabiendo que por muchas veces que volviera, no iba a repetir aquellos momentos. La orquesta de insectos nocturnos que escuchaba por las noches de *Aloha*, en la costa de Colombia, al lado del Tayrona.

Y así con cada canción, porque las ideas nunca nacen de la nada ni del vacío, sino de una sensibilidad activa ante la vida.

## la PISCINA DE HOCKNEY

En 1966, David Hockney pinta a su amigo Nick Wilder dentro de una piscina de Los Ángeles. Siempre que miro ese cuadro, convierto a Nick en mi amigo y exmánager, Pito Cubillas, y lo veo bañándose en la piscina del hotel de Sunset Boulevard donde nos hospedamos en mi primer viaje a Estados Unidos.

Hockney es uno de mis pintores favoritos por su creatividad, reflejada en un estilo único, con toques de cultura pop, colores vivos y un relativo realismo. Me encanta cómo pinta el agua y el protagonismo que le da a la arquitectura como parte del paisaje. Su relación con las piscinas era tan peculiar que llegó a pintar el fondo de la del mítico hotel Roosevelt en Los Ángeles. Siempre pensé que, si algún día tenía una casa con piscina, iba a hacer lo mismo.

Mi lectura del retrato de Nick es ultrapersonal. Era febrero y, en realidad, Pito nunca se metió en la piscina. Pero ese cuadro congela, sin pretenderlo, un momento de mi vida tan clave que me permite esa licencia: inmortalizar un instante que no ocurrió dentro de unos días que marcaron mi existencia.

Pito fue mi primer mánager, pero antes, muchos años antes, fue un mánager destacado de la movida madrileña de los ochenta, de Alaska y Dinarama, Loquillo o Héroes del Silencio. Tras la llamada de Universal Music en la que se interesaban por publicar un disco, aquella A&R me dijo algo así como: «Deberías hacer unas cuarenta canciones, de las que acabaremos seleccionando doce para el disco». Me pareció una locura. No podía trabajar y hacer, a la vez, cuarenta canciones, y menos sabiendo que treinta iban a descartarse. Mi nombre llegó a las oficinas de EMI Publishing, editorial gestora de derechos de autor, y el A&R Chiki (Javier Dean) me fichó y me dio un adelanto económico que me ayudó en aquellos meses. Fue la primera persona de la industria que confió en mí. Pero seguía sin tener una discográfica que sacase el futuro disco.

Un día, Pito entró en las oficinas de EMI y, según me contó, sonaba una canción mía. Le pareció algo original y dijo que quería conocerme. Yo no estaba nada interesado, porque pensaba que sería un señor desfasado, pero Chiki acabó enredándome para comer con él y yo quedé encantado con su personalidad. Nos hicimos muy amigos, intercambiamos muchas inquietudes y sueños. Como él decía: «*Pitodreams*». Al poco tiempo, cansados de esperar una respuesta firme por parte de Universal, a Pito se le ocurrió una idea para acelerar el proceso.

Quiso llevarme a Los Ángeles para reunirnos allí con varios A&R de otras disqueras con los que él había trabado amistad gracias a otros artistas. Los mil y pocos euros que teníamos para comida decidió gastarlos nada más llegar al aeropuerto en alquilar un deportivo rojo descapotable con el que recorrimos la ciudad y nos sacamos mil fotos. Durante esos días, nos vimos con aquella gente de compañías, con artistas, desayunamos en Santa Mónica y vivimos en aquel hotel con una piscina central en la que nadie se bañaba excepto en mi recuerdo, mezclado con el cuadro de Hockney.

Pito era una persona divertidísima, su inteligencia siempre estaba conectada con su sentido del humor. Apenas hizo trabajo de mánager conmigo, pero fue el amigo que necesitaba, el compañero que cree en ti el doble o el triple que tú mismo. Después de que un complicado episodio con la adicción lo sacase de la ecuación, tardé mucho tiempo en sentirme así con un mánager, y lo eché mucho de menos.

La segunda noche del viaje a Los Ángeles, fuimos al edificio de EMI y, mientras esperábamos para marcharnos, me quedé embobado mirando los discos de oro, platino y diamante de The Beatles, colgados en el *hall*. Empecé a sentirme muy cansado y conduje hasta el hotel, donde decidí acostarme aunque solo eran las siete de la tarde. El primer *jet lag* de mi vida me trajo un sueño extraño en el que los Beatles me decían que hiciera la música que realmente quería hacer, que el pop era maravilloso, que no le debía explicaciones a nadie, que aprendiera a tocar la guitarra. Y, más o menos, eso hice al regresar a Barcelona. Gracias, Paul, Ringo, George y John.

Las discográficas de España, al ver en redes nuestros días californianos, se interesaron en las canciones de aquel artista al que Pito había llevado a Los Ángeles y, al regresar, tuvimos cita con cada una de ellas, todas interesadas en las tres canciones que tenía grabadas. Al poco tiempo, firmé con Sony por dos discos y me centré en hacer el primero de ellos: *Ciencias Celestes*. El A&R que firmó conmigo fue Álex Gallardo, un chico con el que había conectado una tarde en Barcelona y que, desde entonces, me había seguido la pista.

Así que, como en las películas de Hollywood, mi nueva vida, mi nueva manera de hacer música y mi nuevo proyecto nacieron en Los Ángeles. Comencé reciclando algunas letras antiguas sobre música nueva, cambiando los cuadriculados *beats* de los que dependía por estructuras con cambios de armonía, donde hubiera lugar para melodías de voz.

La primera canción que hice así fue *El Día Que Hizo Más Viento Que Nunca* y, al terminarla, se la mandé a mi amigo Pablo, aquel con el que había recorrido media España. Al recibirla, me dijo algo así como: «No sé, parece la música de un anuncio de compresas». Viniendo de alguien que escuchaba rap casi siempre, no lo vi tan mal, pero al cabo de dos días volvió a escribirme: «Me encanta la canción, creo que es lo mejor que has hecho y deberías hacer todo un disco de este estilo».

Quizás a mi amigo también le había invadido el espíritu de los Beatles.

## la CIENCIA CELESTE de VOLVER a EMPEZAR

Tengo la sensación de haber tenido dos carreras musicales, de haber vuelto a empezar de cero tras aquel sueño en el que mi verdadero deseo se disfrazaba de los Beatles. Me enfrenté a una de las decisiones más arriesgadas de mi vida sin ser prácticamente consciente. Había conseguido ganarme un sitio en el rap, pero no me sentía conectado con aquella música ni con lo que el público esperaba de mí.

Sentí que abandonar ese traje con el que ya no me veía guapo y empezar de cero iba a ser liberador, pero como estrategia de *marketing* era una idea horrible. Pasé una temporada sin conciertos, sin canciones nuevas, trabajando en silencio en lo que sería mi música futura. Había días en los que dudaba de todo, de si aún quedaría alguien con ganas de escucharme cuando estuviera listo, de si sería capaz de hacer canciones al nivel de lo que quería. Pero también había una calma casi espiritual al sentir que, por fin, era creativamente libre. Y si lo había logrado una vez, ¿por qué no lo iba a lograr de nuevo?

Aproveché muchas letras que ya había escrito, adaptándolas a esa nueva musicalidad. Construyendo un disco que no encajaba del todo en ningún estilo, pero dialogaba con varios. Un disco que era, más que un destino, una carretera que se iba de un lugar conocido a uno por descubrir. Así nació *Ciencias Celestes*. Lo llamé así por esa atracción que siempre he sentido por aplicar un enfoque casi científico a lo emocional. Como si existiera una matemática del cariño o una física de la nostalgia.

Nunca lo llegué a sentir como un primer disco, más bien lo veía como un disco-camino, una especie de entrenamiento. ¿Y qué pasó con el público que me conocía por mis canciones de rap? Prácticamente desapareció. Mucha gente no estaba dispuesta a escuchar otro género, otros simplemente me perdieron la pista con el cambio a «Carlos Sadness», porque no había un seguimiento en redes tan grande como hoy en día, donde puedes cambiarte de nombre cada semana si así lo deseas.

Recuperé el nombre que nació de mi banda imaginaria y con el que había firmado todos mis dibujos desde los quince años, quizás fue una manera de darle vida a esa ilusión adolescente, de cumplir un sueño pendiente. En mis primeros conciertos de esta nueva etapa apenas vendía entradas. Llegué a tocar para menos de cuarenta personas. Tuve la sensación de haber dado un gran bajón de público, pero era mucho más feliz. Me sentía más cómodo, más libre. Me había arrancado las limitaciones que impone seguir un patrón.

Volver a empezar fue volver a aprender, volver a asombrarme. A veces, el arte necesita deshacerse de su fórmula anterior para volver a respirar. Me siento afortunadísimo por haber podido vivir todo eso en mi adolescencia…, y haberlo podido saborear con más consciencia diez años después.

## la CREATIVIDAD quita el SUEÑO

La creatividad es una buena dosis de cafeína: es imposible irse a dormir con una idea que te pide que tires del hilo. Es un destello nocturno que, al ser visto, empieza a iluminarlo todo hasta que la noche deja de parecer oscura. Escribir en la noche se siente como si la oscuridad nos desnudara y nos diera un atrevimiento espontáneo y desacomplejado. El silencio del mundo abre las ventanas de la mente y hace correr un aire nuevo, con menos restricciones. La lógica acepta el desorden, y lo imposible encuentra su posibilidad. ¿Quién sabe cuánto llevaba esa idea intentando presentarse?

Tal vez llevaba tiempo esperando, sin encontrar el momento, y ahora se está aprovechando de mi estado más indefenso, encontrándome en pijama, en el mejor de los casos. Sin distracciones. Ella sabe que cada minuto que me robe de sueño es un paso más hacia su realidad. ¿Y hay algo que una idea desee más que convertirse en realidad?

Durante mi posadolescencia me volví más nocturno. Encontraba en esa calma un trampolín hacia la creatividad, una forma más libre de imaginar que durante el día. Más emocional, más dramático, más poético. Quizás no siempre sea buena idea, pero mi nocturnidad marcó mi obra en aquellos años. Se volvió rutina: no tener sueño y escribir sobre lo que fuera, bajo aquel flexo, llenando cuadernos de tachones. Yo, que siempre dije que la inspiración no te pilla trabajando, quizás era porque, sin saberlo, sí estaba trabajando.

Con el tiempo cambiaron mis hábitos de sueño. Aprendí a despojarme de esos límites diurnos y a sentirme libre con la creatividad fuera la hora que fuera. Supongo que eso se va aprendiendo. También la vida adulta relaja la intensidad y te enseña los matices, aquellos detalles pequeños, pero poderosos, que con poco transmiten mucho. Aun así, alguna noche escucho una llamada y rápidamente atiendo el teléfono de la inspiración en busca de esa conversación conmigo. Puede que no siempre haya una idea buena. Puede que al despertar me cause algo de pudor leerlo, pero al menos lo salvé del olvido.

EN ESTE MUNDO
QUE NOS EMPUJA A SER FUERTES,
FRíos e INDEPENDIENTES,
LA TERNURA
ES UN ACTO DE REBELDÍA.

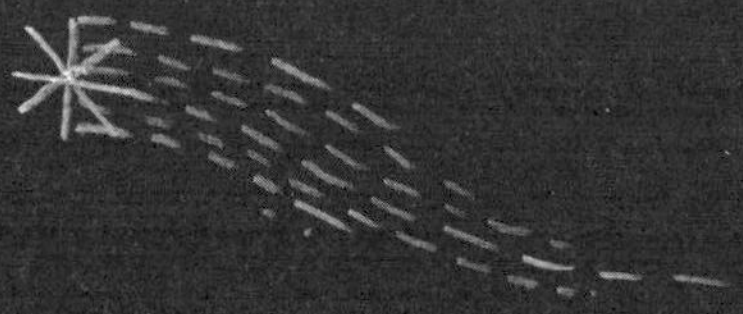

## la MONEY

Existe la idea de que los músicos más alternativos suelen venir de familias con dinero. Han estudiado música fuera y llevan ropa *vintage* que cuesta más que la nueva. Es algo que en España quizás pasa más inadvertido, pero que noté descaradamente al llegar a México. Los hijos de millonarios tocaban *indie*, y los del barrio eran raperos. Más allá del cliché, me llamaba la atención cómo esos chicos del barrio soñaban con la fama, los coches y con «comprarle una casa nueva a su mamá», mientras muchos hijos de papá perseguían el aplauso de la crítica haciendo música más experimental o alternativa, disimulando su respaldo económico con camisas *vintage*. Uno podría pensar que el hambre agudiza el ingenio, pero lo cierto es que no pasar hambre también favorece el espíritu creativo: pierdes el miedo al fracaso, a la bancarrota.

No me gusta hablar de dinero. No me gusta este tema de conversación. Pero sé que genera mucha curiosidad. Pasé mucho tiempo creyendo que nunca me ganaría bien la vida. Quizás porque siempre me vi trabajando en cosas que me gustasen, en cosas creativas en las que veía complicado ganar un buen sueldo y, de algún modo, lo aceptaba, pensaba que era mejor vivir haciendo algo bello que pasar la vida intentando hacerse rico. Tal vez pensaba eso porque no conocía a nadie rico y no tenía ni idea de cómo se llegaba a serlo.

Recuerdo que, en la universidad, un profesor me preguntó en qué quería trabajar. Le dije: «Quizás de director creativo en una agencia». Me respondió riendo: «Tú lo que quieres es un BMW en el garaje». No sabía que se ganaba tanta pasta en ese oficio. Me hizo gracia, porque de niño me encantaba un BMW que a veces veía por el barrio, así que le contesté: «Pues si voy a vender mi creatividad a una empresa, al menos que me dé para tener un coche bonito».

Cuando salió mi primer disco con Sony y empecé a dar conciertos, vi claro que, si iba a dedicarme a la música, debía olvidarme de vivir con tranquilidad económica a menos que lo compatibilizase con otro trabajo. Los números no salían. En los conciertos, ni siquiera me llegaba para pagar a los músicos, el viaje, los hoteles o las dietas. Mi primer disco había ido bien, pero no lo suficiente como para vivir de ello.

Cuando llegó el momento de hacer el siguiente disco que me quedaba por contrato, pensé: «Voy a hacer el disco que me dé la gana. Sin pensar a quién le va a gustar, ni si es lo que espera el poco público que tengo». Rompí varias reglas del solemne *indie* nacional de aquel momento. Sabía que los más puristas me iban a decir de todo. Pero si me quedaba un solo disco por hacer en la vida, quería que fuera el que más me apetecía hacer. Me había gastado mis ahorros. Tenía al batería de turno recordándome cada día que, por convenio, los músicos deben dormir en hoteles de 4 estrellas. No veía forma de recuperar la inversión y sentía que pronto tendría que volver a echar currículums en una agencia. Ya no tenía esperanza de ganar dinero con la música.

Ni dinero, ni esperanza.

Tampoco iba a forzar a mi familia a que me mantuviera por aquel capricho de ser músico, así que tuve una pequeña idea: volver a ser pintor.

## VOLVER a SER PINTOR

Cuando ya me veía dejando la música, mi primera vocación, el dibujo, me tendió una mano. Gracias a redes sociales muy visuales como Fotolog, o más tarde Instagram, la gente sabía que también me gustaba dibujar. Muchos apreciaban mis ilustraciones tanto como mi música. Como la música seguía sin darme estabilidad, pensé en apoyarme en otra de mis pasiones: tal vez podía vender impresiones numeradas y firmadas de mis dibujos.

Nunca pensé que aquella vocación de pintor acabaría ayudándome a seguir haciendo canciones. Esos pequeños ingresos me mantuvieron a flote hasta que la situación musical mejoró. Triunfaron sobre todo las ilustraciones relacionadas con las canciones, como si, de alguna forma, la música continuara a través de la imagen. Eso hacía que la gente conectase, me enviaba fotos de las láminas colgadas en sus paredes, y era emocionante ver cómo mis letras viajaban a otros hogares, ya no solo en forma de canción.

De manera simultánea, apareció algo bastante nuevo y sobre lo que sabíamos muy poco. Instagram estaba creciendo y, por el motivo que fuera, yo tenía bastantes seguidores. Había pocos chicos con tantos, así que empezaron a escribirme marcas para hacer colaboraciones remuneradas. Me sentí bastante reacio. No tenía sentido usar mis redes para publicitar cosas que quizás nunca hubiera comprado, así que decidí probar solo con productos que realmente consumiría. Pedía siempre cifras altas de dinero, porque pensaba que ya que iba a meter cosas menos artísticas en mis redes, por lo menos tenía que compensar lo poco que ganaba tocando…, y, sorprendentemente, aceptaban. Al tener experiencia en publicidad, siempre le daba una vuelta a lo que la marca me proponía para encajarlo con mi perfil, y solía parecerles bien tanto a las agencias como al público.

Paradójicamente, fueron las marcas, y no la industria musical, las que me ayudaron a vivir de la música aquellos años. Como mecenas modernos que compensaban los bajos *royalties* y cachés.

«Entonces, ¿se puede vivir de la música?» Era algo que me preguntaban muchísimo en aquella época los compañeros con los que me había ido cruzando los primeros años. Es una pregunta extraña, que habría que desgranar. ¿Cuánto dinero se necesita para vivir dignamente? ¿Durante cuántos años vas a poder sostener una carrera con ingresos constantes?

Se puede vivir de la música, sí. Pero de todos los que empezamos juntos, no conozco a nadie más que lo haya logrado. Y eso da qué pensar.

Yo tardé en poder vivir con algo de tranquilidad, prácticamente a partir de 2017, cuando me atreví a despedir a mi segundo mánager, un tipo sin ninguna visión ni confianza en mí. Recuerdo la reunión en la que le presenté con entusiasmo lo que iba a ser mi siguiente disco. El tipo sacó una libreta y solamente anotó el título: «*La Idea Salvage*». Con falta de ortografía y de propósito.

En cualquier caso, aquellos años en los que tuve que apretarme el cinturón los recuerdo con una felicidad difícil de explicar. Disfruté como un niño. Tanto que olvidaba que no podía hacer viajes exóticos vacacionales ni permitirme muchos caprichos.

Me estaba dedicando a algo tan maravilloso, que hubiera hecho todo lo que hice sin cobrar, pero eso no se lo digáis a nadie, porque, aún hoy, lo sigo pensando.

## el IMPOSTOR y un NUEVO INICIO

Tengo que atravesar este capítulo, aunque no me apetece regresar a esa herida. Me da pena haber pasado por ahí sin tener los recursos para haberme hecho más fuerte, pero lo reconozco como parte del camino. Durante mucho tiempo me sentí un impostor. ¿Alguna vez has tenido la sensación de estar engañando a los demás en tu profesión o talento? Como si lo tuyo no fuera realmente tuyo, como si tus logros fueran cuestión de suerte y no fruto del talento. Esa sensación se te atraganta y no te permite saborear las buenas experiencias ni asumir el crecimiento con alegría, porque todo el tiempo crees que no lo mereces.

Lo llaman síndrome del impostor. Es un fenómeno psicológico, una trampa mental que atrapa incluso a personas con éxito reconocido. Una sensación persistente de que, en cualquier momento, van a descubrir que no tienes el talento que aparentas. Suele surgir en entornos muy competitivos, alimentado por una sociedad que exige perfección y una educación que mide el valor en logros. A veces, basta con que alguien llegue a tu vida con el trato y las palabras equivocadas para sembrar esa semilla. Y una vez plantada, la idea crece dentro de ti como una mala hierba.

Cuando empecé a trabajar en mi primer disco, me daba miedo componer solo. Siempre lo había hecho con una banda o con un productor que creaba un *beat* sobre el que yo escribía y creaba melodías. Me sentía seguro como letrista, pero todavía no como compositor. Entonces conocí a un tipo que acababa de mudarse a Barcelona. Tocaba la guitarra y componía en una banda emergente. Me propuso ayudarme con la parte musical de las canciones que estaba empezando a hacer. No es que yo crea en la astrología, pero, para no perdernos, vamos a llamarlo «El Géminis».

Nuestra forma de trabajar era sencilla: generalmente, yo lanzaba una melodía o una idea musical, y él se encargaba de construir conmigo la parte instrumental. Eso funcionaba bien: le apreciaba y confiaba en su criterio. Él, en cambio, no parecía confiar tanto en el mío. A menudo me daba lecciones sobre cómo debían ser las cosas, especialmente cuando proponía algo que se salía de su visión. Era de esas personas que, con poca confianza, se muestran amables y colaborativas, pero que, una vez ganada, dejan asomar una arrogancia hiriente envuelta en una sonrisa sarcástica. De esas que te hacen sentir estúpido, como si tus ideas partieran de una ignorancia tan evidente que solo pudieran responderse con una mueca burlona.

Así fuimos haciendo canciones. Solo unas pocas, como *Celeste*, *Hoy Es el Día* o *El Día Que Hizo Más Viento Que Nunca*, quedaron fuera de su ayuda. Al llegar a la fase de mezcla, decidimos probar con varios ingenieros de sonido. El que él proponía no me gustó: las canciones sonaban oscuras y sin definición a mi oído. De hecho, algunas de esas mezclas se quedaron en el disco y años más tarde sigo apreciando esa observación. Luego probamos la opción que proponía mi A&R —la persona que se encarga de los temas artísticos en una compañia—, Alex Gallardo, y yo flipé. Nunca había escuchado una canción mía sonar así. La escuché cien veces, como mínimo, esa noche. Era algo nuevo, muy emocionante para mí.

Quise que fuera ese ingeniero, Óscar Clavel, el que mezclase el disco, pero a mi compañero no le pareció buena idea. Dijo que, en ese caso, prefería no aparecer en los créditos como parte de la producción. Yo me vi en una situación complicada, pero el A&R me animó a que eligiera el que me gustaba; al fin y al cabo, era mi primer disco y así iba a quedar para siempre. Decidí que, por lo menos la mitad, lo mezclase Óscar. Esa elección le sentó fatal al Géminis. Me escribió el *email* y los mensajes de WhatsApp más duros que he recibido en la vida. Todo lo que decía giraba en torno a la poca validez de mi criterio, a mi supuesta ignorancia técnica para tomar decisiones. Insistía en que yo no era capaz de hacer un disco, ni siquiera de hacer canciones. Decía que era algo que me quedaba grande y que, a partir de ese momento, me las apañase solo, porque no iba a poder contar más con él.

Puedo decir que esos mensajes fueron un golpe tan duro a mi autoestima que llegué a creer todo lo que él decía. Nunca me había sentido tan hundido, tan perdido. Apreciaba al Géminis y había idealizado su talento como músico, así que todo aquello fue demoledor. Llegué a creer que él era el único capaz de ayudarme y que, en cuanto se descubriera que yo era un impostor, nadie más querría trabajar conmigo. Me lo creí de verdad: pensé que no sabía hacer música. Caló en mí ese goteo constante de burlas sutiles, de correcciones envueltas en ironía, de lecciones forzadas que pretendían «orientarme». A pocos meses del lanzamiento del disco, me sentía completamente impostor. Me parecía que había sido muy pretencioso por mi parte haberme creído cantante, si lo único que realmente sabía hacer era escribir rap.

Salió el disco y, efectivamente, no supe nada de él. Unos meses después, participé en el *spot* de San Miguel de aquel verano, cantando y apareciendo en el propio anuncio. Durante unas semanas, salió cada dos por tres por la tele y me llegaron mensajes de parte de toda la familia. El Géminis también se pronunció sobre el anuncio, en redes, con un comentario tal que así: «En vez de tanto *spot*, San Miguel podría centrarse en hacer una cerveza potable».

Aquel año de lanzamiento, yo tenía el traje de impostor hecho a medida. El mánager que tuve después de Pito tampoco ayudaba. Era incapaz de cerrar conciertos y siempre se excusaba diciendo que «las salas y promotores no saben quién eres». Por su parte, la jefa del sello *indie* dentro de Sony, una chica de rizos fan del rap, me trataba como si aborreciera mi música y le obligasen a tener que llevarme. Algunos compañeros me contaban que solía dar reportes negativos de mis conciertos directamente al presidente. ¿Sabéis lo que es trabajar con alguien a quien le apesta tu trabajo y ni siquiera disimula? Era como si estuviera allí esperando a que me echasen, como si yo hubiera sido un capricho erróneo del A&R que me fichó: Alex Gallardo, que, para colmo, acababa de mudarse a Miami y ya no formaba parte de la compañía en España.

El Géminis me había insistido en que tenía que ir a Madrid y hacerme amigo de los periodistas. «Tienes que currártelo para caerle bien a alguno de Radio 3», me dijo, contándome que, con su proyecto, ya estaban tratando de ganarse a dos de los más importantes de la cadena. A mí me parecía terrible tener que ir a mendigar simpatía, no por orgullo, sino porque siempre había conectado con la gente sin intermediarios, sin pedir favores. Efectivamente, nunca soné en el programa de aquella periodista a la que me dijeron que tenía que seguir el rollo en redes. Mucha gente me preguntaba: «¿Por qué no suenas en Radio 3?». Y yo recordaba, con tristeza, que mi colega sí que tuvo un poco de razón en eso. Por suerte, el entendimiento con otros periodistas llegó de forma natural y disfruté de muchas entrevistas y conversaciones enriquecedoras.

El disco no fue mal. Curiosamente, mucha gente me dijo «qué bien suena», y me alivió profundamente: confirmé el acierto de haber elegido a aquel ingeniero de mezcla. Empecé a dar conciertos, y qué sensación tan bonita, aunque empañada por aquella voz interna que me recordaba que eso me quedaba grande.

Una lástima no poder disfrutarla como me hubiera gustado. Recordaba perfectamente lo que me dijo el Géminis cuando subí a mis redes una foto tocando la guitarra mientras aprendía: que los guitarristas de verdad se iban a ofender al verlo. Lo tenía clavado, así que no me atreví a llevarla a más *shows* y me conformé con aquel pequeño instrumento de supuesta menor categoría llamado ukelele. No imaginé que ese acto de temor acabaría volviéndose algo icónico.

Tardé años en superar este fenómeno. Es difícil reconocer y aceptar los éxitos con su propia imperfección, con tus propias debilidades. Ayuda entender que la duda no es algo que nos incapacita, sino una herramienta de aprendizaje. El éxito no es solamente una cuestión de suerte, de hecho, creo que lo llamamos «suerte» porque no sabemos cómo nombrar la cantidad incontrolable de cosas que lo construyen. Ojalá hubiera sabido liberarme pronto y disfrutar antes de todo lo bueno que estaba por llegar.

Desde Claude Monet a Georgia O'Keeffe o Jackson Pollock, se ha hablado del síndrome del impostor que sintieron en los momentos más creativos de sus carreras. Unos por innovar en técnica, otros en temática. La experimentación y la duda que despierta en la opinión más conservadora de la cultura ha podido ser también un germen del síndrome.

Mi manera de hacer, menos clásica y académica, no había sido tomada en serio por mi compañero, llegando a ser ridiculizada en demasiadas ocasiones. Él mismo dijo que podrían hacerme un reportaje cuando saliese el disco titulado «Revelación o timo». Pero ahí seguía yo, todavía esperando mi propia confianza, que poco a poco me iba a acabar encontrando.

EL ÉXITO NO ES SOLAMENTE
UNA CUESTIÓN DE SUERTE,
LO LLAMAMOS "SUERTE" PORQUE
NO SABEMOS CÓMO NOMBRAR LA
CANTIDAD INCONTROLABLE DE
COSAS QUE LO CONSTRUYEN.

## que SUCEDAS cada DÍA

La primera vez que toqué en el Arenal Sound fue un concierto que recordaré siempre. En realidad, creo que puedo recordar casi todos los conciertos que he dado, pero el primer gran festival tiene algo especial. Fue en el escenario cercano a la playa, poco antes del atardecer. Nunca había tocado para tanta gente ni escuchado a tantas voces cantar mis canciones.

Volví a casa cargado de una energía mágica y, al día siguiente, mientras el cielo se teñía otra vez de naranja, pensé que aquel atardecer era igual de bonito que el del día anterior y escribí en una hoja de mi libreta: «Que sucedas cada día no te hace menos increíble».

Entonces recibí un mensaje de mis padres, preocupados porque la perrita de la familia se había perdido en el monte y no conseguían encontrarla. Pensar que se hacía de noche sin dar con ella me resultaba insoportable, así que cogí el coche y conduje dos horas hasta allí. Esa noche dormí en el monte, en el asiento del conductor del todoterreno de mi padre. Al amanecer, con la primera luz, descubrí que me rodeaban decenas de ovejas en silencio, bajo un aire frío poco propio del verano. Muy distinto a despertar en un hotel después de tocar en un festival.

Busqué a nuestra perrita aquel día, el siguiente y el siguiente. Recorrí cada rincón de aquella sierra, sin dejar de repetir su nombre, como si solo me oyera el viento. Desde que salía el sol hasta que se escondía. Incluso, a pesar de mi escepticismo hacia lo esotérico, pero fruto de la desesperación, fui a ver a una vidente de Huesca que mucha gente recomendaba. Desde aquella primera tarde hasta el momento en que tuve que aceptar que no iba a encontrarla, pasaron algunas semanas.

Llegó septiembre y tuve que volver a Barcelona sin ella. «Le puse tu nombre al viento buscándote. Ven, ven a mi encuentro, en los árboles anidarán mis sueños.» Escribí esa canción mientras recorría campos, caminos y praderas. Mientras solo me cruzaba con liebres y zorros. En aquellos días de silencio, vi mi vida desde fuera y la entendí un poco mejor. Entendí quién quería ser y quién no.

Siento que, a pesar de no encontrar a mi perra, encontré pensamientos que el ruido había tapado dentro de mí. Encontré la energía para quitarme a ciertas personas de encima y seguir caminando sin su peso. Encontré la certeza de que merecía disfrutar de lo que estaba haciendo.

«Bajo las estrellas guardo tu recuerdo.»

# PERSEIDE

¿Es más bello lo eterno o lo fugaz?

Un coche parado en algún lugar sin importancia se convierte en el punto de encuentro entre dos personas que estaban separadas. Un punto de gravedad compartido, un lugar donde dos órbitas se rozan.

El coche deja de ser coche bajo las luces del universo y se convierte en un lugar donde la astronomía se mezcla con la anatomía y se descubren lunares bajo la luz de la Luna. El cuerpo como constelación.

Pero cada estrella debe volver a su sistema planetario. «Si fueras capaz de convencerme de que puedes durar una noche más, te esperaría toda la eternidad.» La naturaleza de las perseidas es fugaz, es pasar a toda velocidad y dejarte con ganas de haberlas visto mejor, con más detalle, de amanecer y que sigan ahí. «Sígueme, Perseide.» Sígueme y quédate. Su belleza es también lo que nos hiere, consiste en quemarse tan rápido que apenas dé tiempo a formular un deseo.

¿Es lo efímero más bello por su fugacidad o lo eterno lo es por su permanencia?

Heráclito fue el primer enamorado del devenir. Pensaba que la verdad no está tanto en lo que permanece, sino en lo que se transforma, en lo que nunca es exactamente igual. La belleza de lo fugaz es única porque, en su brevedad, captura toda la intensidad de un momento, de una emoción, de un encuentro. La perseida brilla por su velocidad, por su paso veloz, nos deja con la sensación de haber tocado algo sublime que tardará en repetirse. La eternidad, en cambio, es un consuelo en este mundo inestable. Es permanente. No se apaga rápidamente y nos ofrece tiempo para apreciarlo en su totalidad.

¿Es más bello lo eterno o lo fugaz?

## la IDEA SALVAJE:
## cuando TODO estaba PERDIDO

Aunque la música no me daba para vivir y aunque arrastrase el eco de aquella frase que decía que hacer canciones me iba grande, tenía pendiente por contrato publicar un segundo disco con la discográfica.

Y justo entonces, en el peor momento moral y económico, hice el disco que me cambió la vida.

Decidí intentarlo. Esta vez solo, sin depender de nadie que pusiera en riesgo mi criterio o mi autoestima como me había pasado con el disco anterior. Dejar de pensar en los músicos *indies* que se pudieran ofender al verme en fotos con una guitarra. La agarré sin pensar en si estaba autorizado para hacerlo y empecé a darle forma a todo lo que me pasaba por la cabeza. Esa fue mi idea salvaje: ser yo en esencia, con mis dudas e imperfecciones, atreverme, equivocarme, disfrutar y dejar de sufrir por encajar en un lugar o para ciertas personas. Hacer canciones sin preguntarme si sabía hacerlas.

Empecé a escribir una historia, a tocar cada día la guitarra y aprender teoría musical, aprendí a usar programas de producción, busqué sonidos, diseñé punteos de guitarra nota por nota, pidiendo a amigos que me ayudaran a grabarlos. Mi cabeza empezó a fabricar melodías que mezclaban todo lo que me gustaba: introduje ritmos que había escuchado en la música latinoamericana, con melodías influenciadas por el pop anglosajón de mi adolescencia. Punteos de guitarra que no demostraran ser el mejor, pero sí absoluta personalidad. Escribí sin complejos, sin pensar en nadie.

Era como hacer un disco por primera vez. De hecho, siempre he tenido el pensamiento de que *La Idea Salvaje* fue mi primer disco.

Las canciones empezaron a tomar forma: *Qué Electricidad*, *Bikini*, *Perseide*, *Días Impares*, *El Gran Momento*... Me sentí libre, y libre fue como hice el disco que marcó un antes y un después para mí. No sé si fue el mejor, porque fue el más simple en lo musical, pero también fue el más espontáneo y honesto conmigo mismo que había hecho hasta entonces.

Me daba cierta vergüenza enseñar las demos, creyendo que serían un bajón de calidad respecto a lo que había hecho antes con otras personas. Pero el destino quiso que volviera a cruzarme con el Géminis, que me pidió escuchar algo nuevo. Le puse *Qué Electricidad*, recién terminada, y al acabar puso, una vez más, su mueca ya conocida y sarcástica. Inmediatamente soltó: «Te has pasado con el AutoTune, ¿no?».

Eso fue lo que dijo al escuchar la canción que estaba a punto de cambiarme la vida. Supongo que no creía que pudiera cantar su estribillo sin ayuda tecnológica. Pero esta vez no lo viví como otras veces: me daba igual. Algo hizo clic al ver aquella sonrisilla: la aprobación de la gente había dejado de importarme. Unos meses antes de lanzar el disco, volví a enseñar el tema, esta vez a una amiga que me preguntó por las nuevas canciones. Al terminar de escucharla, me miró y dijo: «Carlos, esto es lo que la gente necesita escuchar. Te va a ir increíble». Ella sí podía ser una representación de lo que sería mi futuro público, casi lloro al ver su reacción. Y es que el público real es aquel que escucha lo que le hace sentir y le acompaña. Esa amiga, con su reacción natural, me devolvió la verdad de que las canciones no se componen para ser diseccionadas y juzgadas, sino para ser sentidas.

Mientras hacía ese disco, recuerdo no haber enseñado prácticamente nada al equipo de Sony hasta tenerlo casi terminado.

Pensé que me iban a mandar a paseo. En sus inicios, mostré *Bikini* a la jefa que me aborrecía y tardó segundos en sacarle pegas, así que trabajé en silencio. Fui a Glasgow a mezclarlo, y desde allí iba enviando los temas a Santi Menéndez, que era mi nuevo A&R. Fue el primero en escuchar el disco terminado. «¿Cómo ves las mezclas? ¿Crees que está sonando bien?», le pregunté. Y él respondió: «Qué más da cómo suene, si todo son temazos».

Gracias, Santi. Esa frase fue como un abrazo dentro de aquella industria hostil. Por fin alguien no hablaba desde la técnica, sino desde el entusiasmo.

*Qué Electricidad* fue un éxito dentro de la música *indie*. Se convirtió en mi bandera, y mucha gente empezó a conocerme por esa canción y por aquel disco, *La Idea Salvaje*, y el universo que formaron sus canciones.

> «El viento me ha dicho que no lo dejemos escapar,
> que esto es algo que sucede una vez y nunca más.»

Y eso hice, me subí a ese cometa sin conocer su destino, pero sabiendo que quizás no volvería a tenerlo delante nunca más. Poco a poco me elevó hacia las estrellas, aquellas que desde niño había observado en el cielo y en las carpetas de mis hermanas.

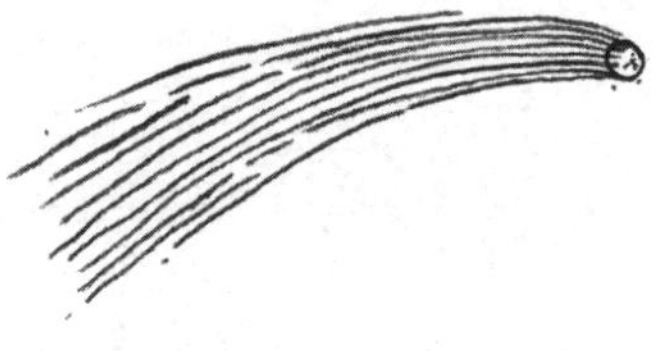

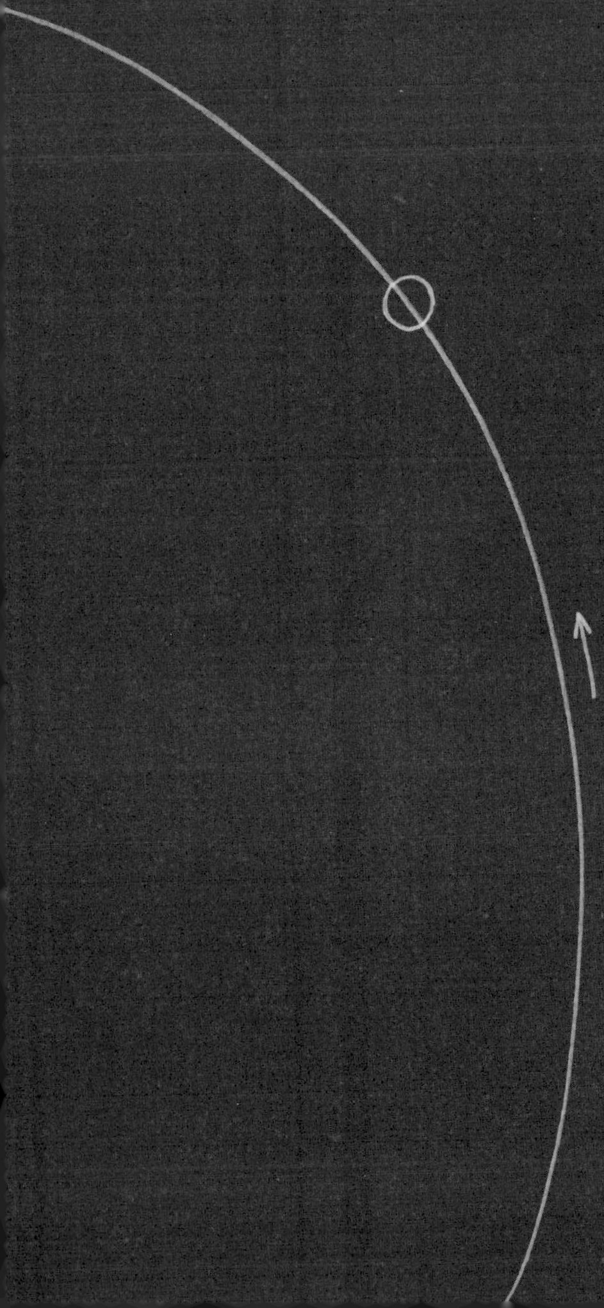

## la MEVA CIUTAT, MONTJUÏC i el TIBIDABO

No paraba de encontrar menciones a Madrid en las canciones que iba descubriendo a lo largo de la vida. «Mírala, mírala, la Puerta de Alcalá», «Eres mi rincón favorito de Madrid», «Pongamos que hablo de Madrid»... Sabina, Quique González o Gabinete Caligari la convirtieron en escenario recurrente de su imaginario. Es bonito regalar frases a una ciudad, porque luego esos lugares suenan a esas melodías. Paseas por sus calles y te cruzas con las canciones sonando en la cabeza, como si fueran parte del mobiliario urbano. Gracias a ellas, Madrid me suena a nostalgia, a cantautor, a *rock and roll* con un punto canallita. Suena diferente a mí y a Barcelona.

Cuando empecé a conceder entrevistas, casi todo el mundo daba por hecho que era de Madrid. Con el tiempo, esa confusión se ha ido extendiendo también a México, Colombia o Huesca. Así que, en un impulso de identidad ciudadana, decidí empezar a introducir mi ciudad natal como escenario de mis historias. Quería que Barcelona resonase en mi música y elegí mis dos lugares más inspiradores de la infancia: Montjuïc y el Tibidabo. Entre esas dos montañas que abrazan la ciudad, decidí situar la historia que narraba aquel disco.

Nací y crecí en las faldas de Montjuïc, en el barrio de la Zona Franca. Para mí, esa montaña siempre fue un lugar mágico al que iba a pasear con mis abuelos, a ver el mar desde el castillo o contemplar la ciudad desde alguno de sus miradores. El primer concierto de mi vida, uno de Sau, lo viví allí, en el Sot del Migdia. Años más tarde, volvería a ese mismo rincón para practicar *skate* al atardecer con mi amigo Juan el Verde.

Cuando imaginé el despegue de una nave espacial que se llevaba al espacio a alguien de quien estás enamorado, quise añadir detalles costumbristas que hicieran más real la narrativa. Así surgió la frase: «Desde mi casa en Montjuïc te podré imaginar». Esa casa tenía una terraza donde pasé parte de mi infancia, jugando, tumbado en el suelo, mirando las nubes e imaginando quiénes serían las personas que viajaban en los aviones que cruzaban el cielo. Al escribir *Sputnik (El Día Que Dejaste la Tierra)*, recuperé aquel recuerdo: el mismo cielo, la misma terraza de la casa de mis padres, pero ahora la mirada apuntaba a un amor perdido en el universo.

El Tibidabo es otra montaña situada en lo alto de Barcelona. Tiene un parque de atracciones antiguo con una noria que se ve desde casi toda la ciudad y unas vistas increíbles. Siempre me pareció un lugar lleno de magia y misterio, no en vano la llaman «*la Muntanya Màgica*». En su cima se alza la torre diseñada por Norman Foster para las Olimpiadas del 92, y un poco más abajo, el Observatorio Fabra. Allí situé la trama de *Astronomía en el Tibidabo*, una canción que imagina que me he ido a vivir al observatorio para intentar establecer contacto con esa persona que ahora viaja por el espacio.

De adolescente había soñado varias veces que en el futuro viviría en una casa a los pies del Tibidabo. No sé exactamente cuánto tiempo dura el viaje espacial del disco, pero imaginé que en su transcurso me había ido a vivir allí, tal y como habían predicho aquellos sueños. Me inspiraba la idea de *Interstellar*, en la que el tiempo pasa mucho más rápido en la Tierra que en el espacio que transita la otra persona: «Hay días que son años y noches infinitas en la espera», dice la canción. Lo curioso es que, cinco años después de la publicación de *La Idea Salvaje*, compré realmente una casa en las faldas de Collserola, la sierra del Tibidabo. Desde casa, prácticamente puedo ver el observatorio.

¿Fueron premonitorios aquellos sueños o fui yo quien acabó dándoles forma? ¿Escribimos sobre lo que ya hemos vivido o sobre lo que, intuitivamente, presentimos que llegará? ¿Hasta qué punto la música o la escritura pueden ser una especie de profecía o guía de nuestra propia existencia? La memoria funciona de manera misteriosa: a veces creemos que recordamos algo cuando en realidad lo hemos reconstruido a partir de fragmentos sueltos, imágenes, palabras y emociones que nos contamos a nosotros mismos. Y si eso sucede con el pasado, ¿por qué no podría suceder también con el futuro?

¿Dejamos algo del lugar del que venimos en lo que creamos? Me pregunto cuánto hay de Barcelona en mí y si soy capaz de percibirlo, incluso cuando no la nombro.* ¿Se cuela su identidad en la mía sin que me dé cuenta? También reconozco en mis canciones otras geografías que me han marcado: las puestas de sol en el puente de hierro, el olor del monte y sus caminos de tierra, los campos de trigo, las cigüeñas sobre el campanario, la despedida de los veranos y las lágrimas de San Lorenzo en lo alto de aquella montaña en la que solo vive el viento. No nací en ese rincón de Aragón, pero hay tanto de él en mí que lo siento como parte de mi ADN emocional. Mis canciones están hechas también de esos paisajes.

Cuando hice el álbum, mi identidad geográfica flotaba entre todo lo que acabo de contar. Pero unos meses más tarde entendí algo más grande: que uno también se construye en el movimiento y en las vivencias de otros lugares. Viviría experiencias conmovedoras muy lejos de casa que dejarían huella en mi personalidad y, por supuesto, en mi música. Ese era el regalo que me tenía preparado *La Idea Salvaje*: darme cuenta de que siempre iba a seguir construyéndome, aunque mi pequeña nave despegara desde la terraza de un barrio humilde de la periferia de la ciudad.

* Barcelona y sus rincones aparecen en *Sputnik, Astronomía en el Tibidabo, Bikini, Pompeia, Isla Morenita, El Gringo* y *Barcelona Tropical*. Aun así, mucha gente que me entrevista sigue creyendo que soy de Madrid. Pero yo ya estoy en el *team* de Joan Manuel Serrat, Manu Chao o El Último de la Fila.

## las PLUMAS de MANITOU en NUEVA YORK

Josephine Monter es una pintora que pasó gran parte de su vida en Nueva York. Durante los últimos años allí, vivió en una casa en la zona boscosa de Manitou, un pequeño asentamiento junto al río Hudson, con poca urbanización y mucha naturaleza. En casa de Josephine era habitual cruzarse con algún mapache por los pasillos o ver ciervos desde la ventana. Pero entre todas las visitas, destacaban las aves: búhos reales, halcones peregrinos o gansos de Canadá. Todas ellas fueron dejando plumas en el jardín durante años. Josephine fue recogiendo cuidadosamente esos regalos y guardándolos en una caja de cartón.

Mientras Josephine acumulaba sus plumas favoritas, yo nacía y crecía sabiendo de ella a través de historias familiares, y sobre todo, de sus pinturas. Algunas de sus obras colgaban en la casa mágica del pueblo donde vivía mi tía abuela, su madre.

Recuerdo especialmente un cuadro enorme donde una figura morada corría sobre un fondo azul. Como en los cuadros de Picasso, parecía una persona sin serlo del todo. Me hechizaba esa mezcla de quietud y movimiento, de presencia y misterio. Había otros cuadros con unas personas de mirada gatuna que irradiaban luz que, lejos de dar miedo, transmitían paz en aquella casa grande y misteriosa que giraba en torno a una antigua escalera de caracol. La casa donde vivió mi tía abuela hasta los 105 años.

Josephine es mi tía, prima de mi madre; a pesar de que yo iba conociendo sus pinturas, todavía no la conocía a ella, pero el hecho de saber que en mi familia había una artista era algo que me daba esperanzas, a mí también, de serlo algún día.

Tras aquellos años en Nueva York, Josephine decidió volver al pueblo donde se había criado, para estar cerca de sus hermanas y de su madre. Regresó a la casa mágica y adaptó un espacio como estudio para seguir pintando. Yo entraba fascinado en aquella sala que olía a pintura y disolvente, donde colgaban máscaras de pájaros que había utilizado en obras de teatro; llena de cuadros de personas, animales o paisajes.

Un día fui a visitarla y le hablé del disco en el que estaba trabajando. Le conté que quería dibujar unas plumas en la portada, porque tenían algo salvaje y liberador, como las aves.

Entonces, Josephine sacó su caja de cartón y empezó a colocar sobre la mesa aquellas plumas que había guardado durante más de veinte años. Plumas que habían ido llegando mientras ella vivía en el bosque del Hudson y yo crecía soñando en convertirme en artista, hasta escribir *La Idea Salvaje*. Colocamos todas las plumas creando un círculo y claramente vi que aquello tenía que ser la portada del disco.

Nunca conté cuántas plumas aparecen en la portada, pero al escribir este capítulo, he cogido el vinilo y las he contado: veintinueve plumas. Los mismos años que tenía cuando las coloqué en círculo, en aquel estudio mágico. Me gusta pensar que aquellas plumas fueron llegando con el paso del tiempo hasta formar parte de algo nuevo, que estaban esperándome en una caja de cartón. Que mi tía las recogía obedeciendo a una intuición inexplicable, sin sospechar que un día serían la cara de un disco que cambiaría mi vida. Quizás el arte tenga algo de esto, de anticipación sin propósito, de gestos que no se entienden hasta que el tiempo los completa.

Me recuerda que uno no empieza a ser artista cuando lo decide, sino cuando acepta que ya lo era desde mucho antes.

QUIZÁS EL ARTE TENGA ALGO DE
ANTICIPACIÓN, DE GESTOS QUE NO
SE ENTIENDEN HASTA QUE EL
TIEMPO LOS COMPLETA.

ME RECUERDA QUE UNO NO
ES ARTISTA CUANDO LO DECIDE,
SINO CUANDO ACEPTA QUE YA
LO ERA DESDE MUCHO ANTES.

# MISS HONOLULU y TOULOUSE-LAUTREC

Mientras otros pintores buscaban el preciosismo de un pícnic o una bailarina clásica, Henri Toulouse-Lautrec encontró una verdad menos decorativa, pero más humana, en el lado oscuro de París. Frecuentaba el mundo de las segundas vidas y los secretos. Retrató cuerpos reales y deseos que no cabían en los códigos morales del momento.

Al poco tiempo de la llegada de Instagram a nuestras vidas, comenzaron a aparecer perfiles de personas que mostraban una vida medida milimétricamente. Recuerdo una persona, de cuyo nombre no quiero acordarme, que me hizo alucinar con lo forzado y postizo que parecía todo lo que allí mostraba. Cada color y expresión estaban estudiados y pensados, creando un mundo rígido sin espontaneidad ni contradicciones. ¿Qué significaban esas caras tan pensadas? ¿Podría alguien más salir en una de sus fotos sin romper esa gama de colores pastel?

Todos hemos visto a esa clase de gente a la que invitan a pequeños eventos de marcas independientes y que no sabemos muy bien a qué se dedican ni por qué son microfamosos entre ellos. Todos con el peinado que se pondrá de moda el año que viene y que entonces tocará odiar porque ha caído en manos de lo ordinario. Ellos siempre llegaron antes y te lo harán saber con su mirada, que solamente ha aprendido a expresar eso.

Quise escribir irónicamente sobre toda esa mentalidad repelente. *Miss Honolulu* es una persona que finge ser algo grande, que nunca ha sido *miss* ni ha estado en Hawái, pero se muestra como si cada año ganase el certamen. No es una canción de amor, es el retrato de una ficción. De aquellas personas que dejan de ignorarte y empiezan a interesarse por ti el día en que tu nombre aparece en «la emisora de moda». Quise ser un poco bromista en una escena musical *indie* que, en aquel momento, era muy solemne y existencial.

Algunas personas me echaron en cara esa frase: «Te voy a matar cuando me acabe de peinar». Es cierto que no se puede frivolizar con algo así. Para mí era como decir: primero me peino, me pongo guapo, muestro mi mejor versión, toco la cima... y entonces te saco de mi vida. Quise que la cantara una chica, que fuera la voz de *Miss Honolulu*, pero en la mezcla sonaba demasiado diferente, así que acabamos sumándole mi voz junto a la de algunos colegas.

Ni yo ni nadie ha entendido del todo esa frase, pero la gente la pedía en dibujos y camisetas. Como si fuera una declaración confusa, pero extrañamente liberadora.

Para mí, lo más significativo de la canción está justo al final. Habla de cómo esas vidas y bellezas ficticias son validadas por quienes las consumen. No importa si Miss no existió. Alguien la deseó, alguien la cantó, alguien quiso ser ella y eso la hizo real.

«Cuando pienses en mí,
me envidiarán todos los hombres del mundo.
Y a quien yo amaré,
te observará y querrá ser como tú.»

## el ETERNO INICIO

Tengo la impresión de que la experiencia y la creatividad no siempre son buenas compañeras. La experiencia es metódica y con un punto predecible; la creatividad, en cambio, necesita aire, cierto desorden, margen de error. Sospecho que la técnica y el dominio pueden arrinconar a la creatividad, siempre con esa valentía que da la ingenuidad. Conocer las reglas nos permite romperlas a conciencia, pero también nos ata inconscientemente a ellas. No conocerlas nos mantiene en una incertidumbre fértil, como quien se adentra sin mapa en un camino desconocido.

Lo he oído demasiadas veces: «Yo sé cómo se hace esto, lo he hecho mil veces y es así». Y cada vez que lo oigo, aparece el fantasma domesticado de la repetición. Es difícil hacer algo fresco si el punto de partida es la experiencia. Ahora que llevo varios discos, soy consciente: cuando trabajo desde lo aprendido, resuelvo antes, sí, pero rara vez descubro algo nuevo. Por eso, siempre he intentado mantener una sensación que me ha acompañado con paz: la de estar siempre empezando.

Estar en ese principio de algo que todavía no domino y debo aprender. Ese lugar donde la intuición pesa más que la certeza. Donde aplico lo aprendido, pero me permito el lujo de equivocarme. Si existe ese margen, pueden suceder cosas sorprendentes.

Cuando escribí *La Idea Salvaje*, sentí totalmente que estaba haciendo mi primer disco. Quería explorar caminos que antes no me había atrevido a mirar, tal vez por miedo, por inseguridad o por no saber cómo. Pero no saber es un regalo: te obliga a aprender, a probar contradiciendo a la experiencia, a decidir desde el instinto.

Que no se me malinterprete: escuchar a los expertos es valioso. Pero en un mundo que cambia cada segundo, también hay que cuestionarse incluso lo que ya funcionó antes. Porque ese momento ya no existe. Cuestionar la experiencia es actualizarse, entender el presente y, tal vez, anticipar el futuro.

¿Los grandes éxitos de hace veinte años podrían triunfar hoy? Me atrevo a decir que muchos probablemente no. El lenguaje y la sociedad han cambiado demasiado como para que todo se conecte de la misma forma. Muchas de esas canciones se perderían entre las miles que cada día aparecen en las plataformas. Los expertos del ayer no podrían repetir su fórmula sin más: necesitan intuición, no solo memoria.

Y es que el arte no son matemáticas, tan atemporales como exactas. Y aunque fastidie a las grandes discográficas, no existen fórmulas que garanticen nada. Deberían desviar el foco hacia lo genuino en vez de hacia la radiofórmula. Hay que cuestionar a los maestros, porque, si no, no encontraremos nuevos caminos.

*Qué Electricidad* tiene solo dos acordes, tres si sumamos ese la menor del puente, o cuatro si contamos alguno de paso en el estribillo. Fa y do: lo más simple. En el disco anterior, alguien me hubiera impedido hacer algo tan sencillo y me hubiera convencido para complicar la canción. Pero habría dejado de ser la que tenía en la cabeza. Y mi cabeza, en ese momento, era la de alguien que volvía al principio.

¡Vivan los principios!

## el TRÓPICO y la GALAXIA

Al igual que Henri Rousseau, yo tampoco había estado en un lugar tropical ni en Latinoamérica antes de hacer *La Idea Salvaje*, pero de algún modo ya estaba empapado de su música. En realidad, la música latinoamericana había estado presente en mi casa desde la infancia, conviviendo con el folk anglosajón y las bandas ochenteras españolas. Simon & Garfunkel sonaba junto a João Gilberto, y The Beatles compartían espacio con Juan Luis Guerra o Roberto Carlos, el cantante favorito de mi madre. Y por eso yo me llamo Carlos.

Sus letras eran directas y emotivas, con un sentimentalismo sin pudor que contrastaba con la lírica de las bandas españolas, más contenidas y crípticas. La música que venía desde el otro lado del océano transmitía una entrega emocional más desnuda, un romanticismo desinhibido que tal vez dejó su huella en mi identidad sin que yo me diera cuenta, y que, muchos años más tarde, fue una de las cosas que me hizo conectar de forma especial con el público de aquel lado del mundo.

De adolescente, estuve más cerca de la onda anglo, pero cuando llegó el momento de hacer ese segundo disco, ya se había generado un limbo entre esos dos mundos de influencias. Descubría mucha música latinoamericana y me sentía más conectado con ella que con lo que se hacía en España. Con Devendra Banhart, Natalia Lafourcade o Porter, y otros más.

Entre estas dos órbitas musicales que parecían distantes, pero que estaban en mi ADN, encontré una intersección que me regaló un sonido propio. Empecé a crear un espacio donde ambos mundos coexistían y donde me sentía cómodo y reflejado. Ahí empecé a hacer las canciones que necesitaba crear y escuchar, con lo que más me gustaba y me aportaba de los dos lados.

En mi primer viaje a México, un crítico musical me dijo: «Lo que nos llama la atención y nos gusta de tu música es que no pareces español». Me hizo bastante gracia esa frase, porque si me comparaba con los artistas españoles que ellos conocían, tenía bastante razón, nunca lo había visto así. Parecía venir de una isla perdida entre dos continentes sonoros, una «isla morenita», supongo.

Por otra parte, la temática galáctica se presentaba cada vez más en mis canciones, ya fuera como escenario de la historia o como un pequeño detalle que las acercaba al espacio exterior. La idea de explicar algo cotidiano y terrenal, algo que cualquiera podría haber sentido, y llevarlo a la inmensidad del universo siempre me ha resultado fascinante. Es una forma de volver interestelar lo más íntimo.

La historia del álbum podría ser simplemente la de dos personas que se están conociendo. Pero, en mi imaginación, una viaja al espacio y se pierde la comunicación, mientras la otra intenta recibir sus señales hasta que, al final, cuando ha estado más lejos que nunca y ha conocido otros planetas, se da cuenta de que lo más bonito lo había dejado en la Tierra. Es la distancia cósmica como metáfora del viaje emocional de conocer a alguien, con sus miedos, pasiones y dudas.

Esa narrativa galáctica convive con paisajes tropicales y, en mis conciertos, el público empezó a aparecer con camisas de piñas y colgantes hawaianos. Sin darme cuenta, dos mundos aparentemente opuestos se habían abrazado en mi música. Por eso, en la primera entrevista tras el lanzamiento del disco, cuando un periodista me preguntó cuál era la etiqueta o el género de mi música, respondí sin pensar: «*Galactropical*».

## la CONFIANZA

A pesar del éxito de *La Idea Salvaje*, el fantasma del síndrome del impostor seguía paseándose por mi casa. Sentía que tal vez estaba teniendo una suerte que ni yo me creía. Es un mecanismo común: cuando alguien lucha durante años por algo y de repente lo consigue, el cerebro parece resistirse a aceptar que lo merece.

Empecé a descubrir que soy experto en perdonar a personas que me han herido. Tal vez mi forma de protegerme haya sido restarle importancia al daño o conflicto, como si así desapareciera. El Géminis retomó el contacto conmigo en una fiesta de cumpleaños en la que coincidimos y se ofreció para acompañarme como guitarrista en el primer tramo de la gira. Tocaba por primera vez en un festival después de la salida del disco. Era un horario complicado y, antes de salir, me dijo: «Seguramente no habrá casi nadie, que no te dé bajón». Pero cuando pisamos el escenario, estaba a reventar.

Nunca había tocado para tanta gente. Escuché mis letras a un volumen nuevo para mí. Pensé en si esto era algo extraordinario que tarde o temprano iba a desvanecerse, pero, al contrario, se repitió una y otra vez en los siguientes festivales. Cada vez con más público, en mejores horarios, en escenarios más grandes. Por redes sociales, empezaron a llegar menciones constantes: peticiones de conciertos, de saludos, halagos, agradecimientos por la música e incluso algún insulto. Porque el proceso de crecimiento y expansión es el que más incomoda. Y es en el que las personas a las que no les gustas pondrán más energía, como si aún estuvieran a tiempo de impedir lo que no quieren asumir que está pasando.

Luego, cuando ya es evidente e inevitable, se cansan y descubren algún otro proyecto emergente al que intentar dinamitar. Y es que para muchas personas el *hate* es tan tendencioso como el fanatismo, solo cambia el sentido del entusiasmo. Por suerte, yo ya estaba curtido. Después de años lidiando con la hostilidad de los raperos, el odio de algún tuitero modernillo, entre todo aquel revuelo de emociones positivas, no llegó a quitarme el sueño.

A propósito del *hate*, descubrí que en ese fenómeno hay una extraña mezcla de amor y odio: el acto de intentar dañar a alguien es también una forma de aproximación. A veces, quien te odia ve en ti algo que le refleja a sí mismo y considera injusto que seas tú quien destaque. Otros sienten la necesidad de ser los más modernos y descubridores, y se enfadan cuando llega más público, como si hubieras traicionado un pacto íntimo de ser solo para ellos.

Lo noté especialmente tras *La Idea Salvaje*. Muchos de los que me conocieron con ese disco no aceptaban que llegara gente nueva, y lo expresaban criticando el siguiente. Y era un disco muy continuista, trabajado prácticamente de forma seguida. Pero nada volverá a gustarles como antes, y eso también hay que entenderlo como algo profundamente subjetivo. No podemos juzgar las nuevas obras por ese fenómeno ni venirnos abajo: las nuevas canciones no compiten solo con las anteriores, sino con todo lo que las personas vivieron junto a ellas. Contra una nostalgia que las ilumina. La nostalgia siempre compite con la realidad.

Mientras el exterior indicaba crecimiento, internamente aún luchaba con la idea de que todo era frágil. Mi mánager, absolutamente falto de visión, reforzaba esa sensación. No quería subir el caché porque: «Nadie te contratará». No quería alquilar salas grandes porque: «Vas a hacerme perder dinero». Cuando le conté que muchísimos seguidores de México pedían incansablemente

Esa fue mi idea salvaje:
ser yo en esencia, con mis dudas e
imperfecciones, atreverme,
equivocarme, disfrutar y dejar de
sufrir por encajar en un lugar
o para ciertas personas.

que diera un concierto allí, me contestó: «Si quieres ir a perder pasta, vete tú solo con tu ukelele». A los pocos días, otro socio de la oficina remató el tema mexicano con un *email* donde ponía: «ESTÁS ERRÁTICO». Así, en mayúsculas.

Quizás rodearte de gente que no cree demasiado en ti sea una forma sutil de autosabotaje. La validación externa no debería condicionarnos, pero tampoco podemos permitir que el escepticismo ajeno nos limite. Llegó un momento en el que me saturé. No podía seguir rodeado de personas que tiraban hacia abajo justo cuando todo empezaba a elevarse. Me alejé, y fue largo e incómodo. Un proceso que nunca hubiera podido hacer sin la confianza en mí mismo que me estaba dando aquel pequeño éxito. Algo que vi con claridad durante aquellas semanas de caminatas silenciosas por el monte.

Hasta nunca compañeros que me menospreciaban, adiós a los mánagers sin fe y a los músicos que se comportan como si fueran *rockstars*. Tuve que empezar a creer que no era casualidad todo lo bueno que me estaba pasando. Y atreverme a estar más solo. Mejor solo, que atado a quienes no les gusta verte brillar.

La confianza en uno mismo no solo se siente, también se proyecta. Es una energía sutil que se percibe por los demás y se contagia, que genera impulso. La confianza en uno mismo no es lo opuesto a la humildad, sino al miedo. Porque no significa creer que todo lo haces bien, sino saber que no es una catástrofe fallar o equivocarse. No te vuelve arrogante, sino más abierto a lo que esté por llegar. En mi caso, me regaló algo valioso: la aceptación de mis límites y fallos, de todo eso que antes intentaba corregir para no decepcionar a nadie. Sentí que no debía adaptarme para gustar, que podía crear desde un lugar sincero y sin máscaras.

Ver que las cosas estaban funcionando al haber sido yo mismo me permitió reencontrarme con la versión segura de mí mismo que me había acompañado toda la vida y que había quedado opacada en la inseguridad de comenzar de cero esta nueva etapa. Lo noté en todo, en cómo salir al escenario a ser tú mismo y en los momentos de composición. *Qué Electricidad* había sido un éxito, y no temí que fuera algo irrepetible, disfruté del proceso de hacer cosas diferentes y llegaron *Amor Papaya*, *Te Quiero un Poco* o *Física Moderna*. Canciones que nacieron sin miedo a compararse ni a ser juzgadas y que, hoy, tienen igual o más éxito.

Mientras grabábamos las demos de *Física Moderna* en mi casa del Eixample, mi amigo y guitarrista Dani Llamas dijo: «Buah, ¿te imaginas cómo sonará esto en los festivales?». En ese momento, aún no había pasado, pero él ya lo visualizaba porque estábamos envueltos de confianza. Esa energía influyó en nuestra forma de trabajar la canción y creer en lo que hacíamos.

Meses después, cuando tocamos la canción en los festivales, todo encajó. El público, la energía, el sonido…, era aún mejor de como lo habíamos imaginado. Otra vez, escribir proyectando el futuro había sido una forma de construirlo.

*Qué Electricidad* fue fruto de la libertad y la superación, las canciones que vinieron después fueron una bandera de confianza, de reencuentro, de ser sin miedo a nada. Recuerdo que, en medio de esa sensación de poder hacer cualquier cosa si para mí tenía sentido, llegué a grabar el ronroneo de uno de mis gatos y lo envié a Sony. Lo subimos a Spotify con el nombre de *Ronquidos Volcánicos*, como adelanto del *single Volcanes Dormidos*, y tuvo decenas de miles de escuchas. Hoy me arrepiento de haber borrado ese *track* cuando salió el *single*. Me hubiera gustado conservarlo entre mis canciones. Aquel ronroneo de quienes fueron testigos y compañeros silenciosos de aquellos días en los que se cumplían los sueños.

Dicen que las gatas tricolores traen buena suerte. Y yo, que soy la persona menos supersticiosa que puedas conocer, no puedo evitar pensarlo cuando recuerdo cómo Susi, con sus ojos enormes y brillantes, llegó a mi vida en aquel 2015 en el que explotó todo. Su hermano llegó un año después, y desde entonces han ronroneado sobre todas las canciones que he ido escribiendo. Me gusta pensar que su vibración tierna está presente, aunque no se escuche, en todas las canciones que he compuesto.

¿Y qué pasó con el viaje a México? ¿Estaba yo realmente errático con ese otro sueño?

# MÉXICO LINDO y QUERIDO

No entendí bien lo que puede llegar a significar la música para un país hasta que viajé por primera vez a México aquel otoño del 2016. Allí descubrí que la música no es un acompañamiento ni un entretenimiento: es identidad, historia, un componente esencial de la vida cotidiana. El mariachi, la banda, las rancheras... no son solo géneros, son parte del imaginario colectivo del día a día. Cuentan lo que pasó y lo que sigue pasando. Escuchando las historias de Los Tigres del Norte pude entender cómo son las cosas más allá de los barrios turísticos de Ciudad de México. Enseguida percibí que, para muchos mexicanos, la música ocupa un lugar casi sagrado.

No digo que en España la música no importe, porque hay muchos melómanos, festivales y conciertos llenos. Pero muchas veces la siento más ligada al entretenimiento, como algo que acompaña, pero rara vez ocupa nuestro espacio emocional. Esa intensidad, esa pasión desbordante, solo la había visto en mi país en un partido de fútbol, pero rara vez con un artista. El estatus del músico cambia. En Latinoamérica, un talento, como dicen allí, puede tener incluso más estatus que un futbolista, un presentador de televisión o un chef.

Tras recibir aquel *email* de mi mánager en el que, básicamente, me comunicaba que si quería ir a tocar a México no contase con ellos, decidí hacer justo eso.

Curiosamente aquel mánager acababa de contratar como ayudante a una chica llamada Neus. En poco tiempo, ella me ayudó mucho más de lo que él lo había hecho en años así que decidí felicitarle por aquel fichaje. No creo que fuera el único y debió percatarse de que el buen trabajo de ella dejaba en evidencia su falta de talento, así que a los pocos meses la despidió. Neus era inteligente y ambiciosa, pero sobre todo fue la primera persona que entendió la identidad y situación de mi proyecto. Tras conocer mi inquietud por viajar a México, fue ella quien dijo: «Vamos a hacerlo».

Alquilamos una sala para mil personas en Ciudad de México. Pusimos los «boletos» a la venta y, al cabo de un cuarto de hora, empezaron a llegar mensajes por Twitter: la gente no podía comprar entradas. Neus llamó a los responsables de la tiquetera y le respondieron: «Ya se vendió todo, la gente llevaba horas esperando». No podíamos creer lo que acababa de pasar. Los mil y pico boletos se habían agotado en menos de veinte minutos y nosotros creíamos que era un error del sistema.

Esa misma tarde me llamó el presidente de Sony México, Roberto. Me invitó a volar la semana siguiente para conocernos en persona, publicar *La Idea Salvaje* allí y trazar un plan de trabajo para el país. Anunciamos una segunda fecha. Se agotó en menos de veinte minutos. Anunciamos una tercera. Lo mismo. Decidimos parar ahí, era suficiente. Yo no me lo podía creer. Pasar de un «vete tú con tu ukelele» a vender más de tres mil entradas en cuestión de minutos, a casi diez mil kilómetros de casa..., fue uno de esos momentos que no se olvidan.

Al aterrizar en México me esperaban muchos fans en el aeropuerto, con carteles, regalos y esa alegría de quien lleva tiempo esperando una llegada. En los días siguientes hice entrevistas para radios, televisiones y periódicos, y todos aseguraban que no se recordaba un recibimiento tan sonado de otro artista español en mucho tiempo. Fueron unos cuantos viajes seguidos: promoción, conciertos y firmas de discos que se alargaban hasta la noche. Recuerdo que a una tuvo que acudir Protección Civil por la fila que se había formado, y tuvimos que moverla a las oficinas de Sony. Neus y Robbie, que iba a ser mi *booker* en México, invitaron a varios promotores a aquellos primeros *shows*, y allí mismo cerraron acuerdos para tocar en varios festivales el año siguiente. El primer concierto contratado se cerró por el triple de lo que cobraba en España con el mánager que no me dejaba viajar.

Lógicamente, me despedí de él desde la planta 40 del Hotel Presidente, en Ciudad de México.

> «Esta luz llegó hasta mí abriéndose camino entre tu sombra.
> Ya se va volviendo gris, no me reconozco si me nombras»

Dice *Diferentes Tipos de Luz*, la primera canción que escribí a miles de kilómetros de casa.

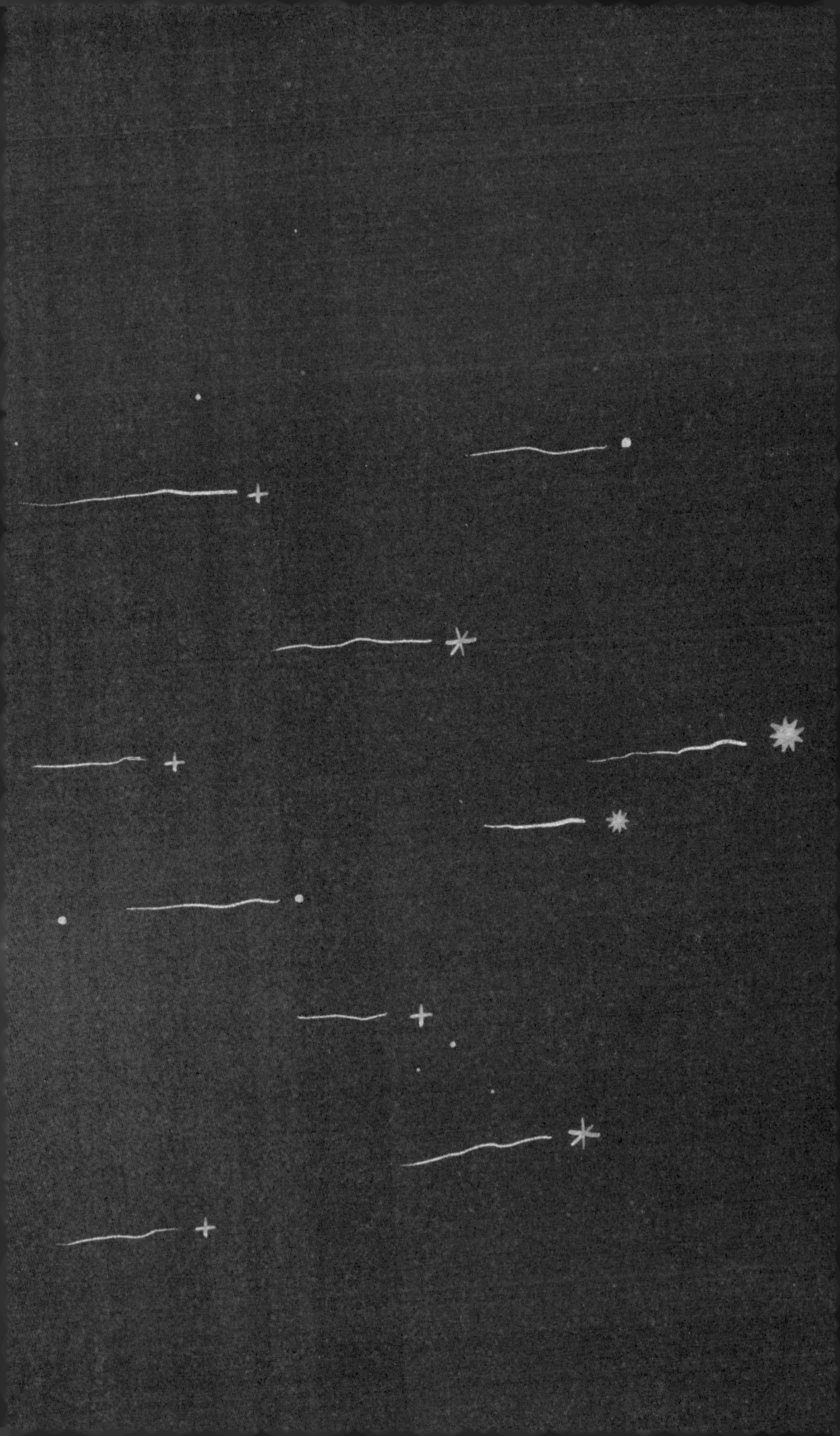

CREAR ES UNA FORMA DE ESTAR VIVO,
UNA LLAMA QUE ARDE DESDE LO QUE
VERDADERAMENTE SOMOS Y NO DEBERÍAMOS
PERMITIR QUE NADA NI NADIE LA APAGUE.

## el ROCKSTAR menos ROCKSTAR

Si ya me costaba normalizar el éxito en España, ¿cómo iba a asimilar lo que significaba ser un artista de moda en Latinoamérica? Recuerdo recorrer Monterrey en el coche más grande que había visto en mi vida, con un chófer que, además, parecía mi guardaespaldas. Un presentador de noticias me recomendó una tienda de ropa de rancho en una zona algo movida de la ciudad. Cuando le pedí al chófer si podía acercarme, bajó antes que yo, entró en la tienda y avisó a los empleados: traía a un «talento» y no podía armarse ningún desorden que pusiera en riesgo mi integridad, así que era mejor que el resto de clientes salieran de la tienda. Todo me parecía desmesurado para mí, pero en México prácticamente cada interacción social me devolvía a ese estatus en el que me costaba aceptar estar.

A esas alturas, mucha gente en España también me «buscaba» o quería conocerme, pero en Latinoamérica la atención se volvió desmedida. Ya no eran solo seguidores anónimos: *influencers,* presentadoras u otras personas famosas parecían más decididas a acercarse que nadie. Una de esas chicas con millones de seguidores me confesó haber investigado en qué hotel me hospedaba para reservar allí mismo y «coincidir casualmente» en el *hall.* México me hizo tomar conciencia del nivel de exposición que suponía aquello de ser un *rockstar*.

Con el *boom* de los festivales en España, empecé a temer perder el norte, a sentir que todo eso no me pertenecía a mí, sino a la imagen que los demás proyectaban de mí. Como mecanismo de defensa, rechacé bastante vincularme con personas que pudieran ser seguidoras. No quería interesarle a nadie por una imagen idealizada. Necesitaba notar que quien se acercaba a mí lo hacía por quien era yo, independientemente de lo que estaba pasando con la música. Años después, pienso que quizás fui demasiado radical con esa idea y que dejé pasar de largo personas bonitas y genuinas con quienes podría haber construido algo más real. No me refiero al plano romántico, hablo de relaciones humanas. Hui de ser admirado por miedo a que ese brillo opacara mi personalidad.

He utilizado la palabra *rockstar* porque, muchas veces, siento que soy justo lo contrario. No llevo ni un tatuaje. Nunca me he drogado ni he bebido hasta perder el control. Me gusta celebrar, claro: divertirme y trasnochar si la ocasión lo merece. Pero nunca he sentido la necesidad de convertirme en otra persona o potenciar algún rasgo de mi personalidad a través de una sustancia. Supongo que vi demasiadas historias con final trágico por mi barrio y en mi entorno en los años noventa. Luego crecí teniendo la sensación de que los amigos que se drogaban se volvían un poco más lentos. Rechazaba todas esas invitaciones porque pensaba que en mi vida iba a necesitar todas y cada una de las neuronas que habitaban mi cabeza para ser más rápido, más vivo, más creativo.

Uno de los primeros momentos que me hicieron sentir en un mundo ajeno fue después de un concierto en Albacete. Entramos en un bar y el DJ estaba poniendo *Bikini*. Todas las miradas se giraron hacia mí: la gente quería hablar, bailar, hacerse fotos. Entre aquella locura de gente que te lleva y te mueve, dos chicas rubias muy llamativas me llevaron hasta los baños. Una de ellas sacó una bolsita de su sujetador y me ofreció «un tiro». No era la primera vez que alguien lo hacía, pero la escena parecía sacada de una película.

Una vez escuché que el nombre de la montaña mágica de Barcelona, Tibidabo, proviene del latín, de una cita bíblica en la que el diablo le dice a Jesús: «*Haec omnia tibi dabo, si cadens adoraveris me*» (Te daré todo esto si te postras y me adoras). Yo no estoy libre de pecado, pero tampoco iba a cambiar mi manera de pensar por dos rubias y medio gramo. No digo que esté mal, pero no era el premio que yo esperaba del arte.

El mundo empezó a ofrecerme todo lo que supuestamente debía desear, pero yo quería seguir deseando lo que siempre esperé del mundo. Yo soñaba con ser artista, no con convertirme en un *rockstar*.

## el GATO de AZÚCAR

Hay una foto mítica en mi vida. Aparezco sentado, con un peto de pana granate y el pelo rubio, en la terraza de casa de mis padres. Acaricio a un gato que pasó una temporada con nosotros cuando yo tenía poco más de un año.

Siempre se habló de él y de las trastadas que hacía: subirse al techo trepando por las cortinas o por la moqueta de la pared, colarse en las cocinas de los vecinos y traer longaniza a casa. Pero yo era tan pequeño que no lo recuerdo. Solo lo conozco por esas anécdotas y por aquella foto en la que lo acaricio con una mezcla de cariño y respeto.

Ese gato, el gato de azúcar, existe porque me lo han contado y porque lo he visto en imágenes. Estuve con él, pero no puedo recordarlo. Se ha disuelto, como un terrón en el agua.

Me llama la atención cómo podemos sentirnos vinculados a momentos que, en realidad, no recordamos. La memoria no es solo lo que almacenamos conscientemente, sino también lo que construimos a partir de relatos ajenos. Como cuando alguien nos habla de un episodio de nuestra infancia y lo asimilamos poco a poco, hasta hacerlo nuestro. Como si el recuerdo real hubiera estado siempre ahí, desde el principio.

La neurociencia explica que nuestros primeros años de vida están marcados por la *amnesia infantil*, la incapacidad de recordar eventos debido a la maduración tardía del hipocampo, esa parte del cerebro encargada de consolidar la memoria. Y así, nos encontramos con una paradoja: hay cosas que hemos vivido, pero solo existen en nuestra mente porque alguien nos las contó. ¿Son recuerdos auténticos o construcciones?

De alguna forma, nuestra identidad también se construye sobre esos recuerdos prestados. No importa que no pueda recordar al gato de azúcar por mí mismo: la imagen, las historias y la certeza de que existió son suficientes para darle un lugar en mi historia personal.

Como un amigo invisible. Como el primer animal al que amé, aunque lo amase años más tarde.

## el MUNDO que hay DENTRO de MÍ
## (anatomía del instinto)

El arte es una forma de excavar en lo vivido y reinterpretarlo de múltiples maneras. En una canción, en una frase, en una melodía, puede haber algo que empezó a formarse en nosotros hace mucho tiempo. Algo que permanecía dormido, como parte del organismo, y que, al encontrar una luz que le indica la salida al exterior, despierta y se proyecta, atravesando las sombras de la razón.

Pero no es un camino sencillo, porque uno puede despistar al instinto si piensa demasiado. Pito Cubillas me dijo una vez algo que me ha acompañado desde entonces: «Cuando dudes, haz siempre caso al instinto». Dicho así, suena a frase de libro de autoayuda, pero en mí ha hecho eco muchas veces. Hablaba de un impulso que nace sin pasar por el filtro de lo racional y que apunta con bastante acierto hacia la supervivencia. Sería parecido a esos comportamientos que, como los animales, hacemos sin que nadie nos haya enseñado: para sobrevivir. Luego puede llegar la razón, con sus argumentos para borrar la línea rápida que el instinto había trazado. En esa pelea entre instinto y razón encuentro muchísima belleza. Es de mis momentos creativos preferidos.

Encuentro una frase que no sé del todo qué dice, pero que insiste en que la siga. Me adentro entonces como un explorador en una selva oscura, persiguiendo el canto de un pájaro exótico que había oído en sueños y viajo tras él a un lugar donde se mezclan los miedos con los anhelos.

Hay un tipo de viaje que me sobrecoge especialmente: aquel en el que busco algo que hay en mí, que perteneció a un tiempo que ya no existe. Aunque ese momento se haya desvanecido, aunque se haya casi olvidado, si estiro el brazo, puedo rozar la raíz del recuerdo con la punta de los dedos.

Ya lo tengo. Íbamos en bici y en las laderas de los huertos crecía una planta que aprendí a identificar. Había que meter las manos entre la tierra y buscar la raíz. Mi padre, con las manos manchadas, sacaba una navajita y rascaba la raíz hasta que aparecía un color amarillo húmedo del interior. Allí estaba el secreto del regaliz.

Algo así sucede en ese otro viaje hacia la esencia del recuerdo. Llega esa frase, quizás un tanto abstracta, pero que te empuja a seguir, hasta encontrar algo en lo profundo que conecta y tiene sentido.

No, ahí no se baja fácilmente. Me gusta pensar en Alicia cayendo por la madriguera. Me alucina esa escena de la película de Disney. No desciende con calma: cae descontrolada. No se puede llegar a ese lugar mágico de forma cómoda y calculada. Si fuera así, bajaríamos cada vez que quisiéramos, en primera clase, cada vez que sintiéramos nostalgia o necesitáramos hacer una canción nueva.

Creo que es el yo del recuerdo el que grita hacia la superficie del presente, esperando ser escuchado. Un grito al futuro.

Quizás todo lo que estoy viviendo ahora también lo gritaré con fuerza para que al yo de mañana no se le ocurra olvidarlo. Para que, cuando por fin entienda por qué me duele de esta forma el mundo, me ayude a escribirlo. Tal vez el verdadero reto del arte no es solo recordar, sino asimilar y reinterpretar aquello que nos hizo ser quienes somos.

## IRREMEDIABLEMENTE AUTÉNTICOS:
## el arte de no encajar

Siempre he intentado mantenerme firme en aceptar quién soy y dejar que mi forma de ser impregne todo lo que hago. Mientras el mundo empuja hacia la aceptación de lo normativo, yo quise abrazar mis diferencias, mi identidad, incluso cuando temí que eso pudiera alejarme de mucha gente. En el momento en el que yo trataba de establecer mi propio estilo, aquellos artistas pop antiguos, llenos de personalidad y capaces de marcar generaciones, parecían extinguidos. De pronto, para tener éxito parecía necesario tener una personalidad casi neutra, inofensiva, diseñada para gustar a todos. Pero ¿es eso posible si tienes un mínimo de carácter, el mínimo imprescindible para hacer arte? Me cuesta no dudarlo.

Para mí, la autenticidad consiste en aceptarnos con honestidad y permitir que eso se refleje en lo que hacemos. Que se note incluso en los gestos pequeños: en la letra con la que tomamos apuntes, en los colores que elegimos, en las palabras con las que explicamos lo que nos emociona. Pocas cosas me hacen sentir más satisfecho que cuando alguien ve una camiseta, un dibujo absurdo o una frase suelta y dice: «Esto es muy tú».

Admiro a los artistas que consiguen volcar su identidad en lo que hacen. Frida Kahlo, por ejemplo, lo llevó hasta el extremo. Cada vez que se pintaba a sí misma no solo usaba su imagen como modelo, sino que lograba retratar algo mucho más hondo que lo que el espejo le devolvía. El autorretrato es, quizás, la forma más compleja de retrato. Exige enfrentarse a uno mismo y tomar esa decisión valiente: ¿hasta qué punto estoy dispuesto a verme tal y como soy? A veces ni siquiera sabemos si lo que mostramos es lo que somos o lo que nos gustaría ser. Como cuando respondemos un test de personalidad y dudamos si estamos contestando desde el yo real o el ideal.

En cierto modo, las canciones también son autorretratos. Aunque hablen de otros, aunque parezcan contar historias ajenas, siempre acabamos revelándonos en la forma de narrarlas. A veces nos preguntan: «¿Por quién escribiste esta canción?». Y la respuesta podría ser: «¿Y si la escribí por mí? Para decir lo que yo veía, lo que yo sentía. Para contar mi punto de vista».

La autenticidad es también el arte de no encajar. Cada vez que intentamos hacer algo diferente debemos asumir que habrá resistencia que se oponga a ese cambio. Y muchas veces esa resistencia viene de quienes llevan años decidiendo qué es válido y qué no, qué merece ser llamado auténtico y qué debería quedar fuera. Pocas cosas les generan más rechazo que alguien que se atreve a saltarse esas normas y a crear desde un lugar que ellos no han podido controlar.

Recuerdo que un productor bastante conocido de Barcelona, responsable de varios discos importantes del *indie* local, se interesó mucho en producir mi primer álbum. En ese momento quería mantener el sonido que estaba trabajando y, a pesar de que me halagaba su interés, le dije que no lo veía. Cuando llegó el momento de grabar el segundo, volvió a insistir. Llamó a la discográfica y pidió reunirse conmigo. Nos vimos en su estudio. Fue muy elogioso con mi proyecto y decía estar entusiasmado por ayudarme a encontrar ese «sonido tropical» del que yo hablaba. Pero su visión me parecía demasiado clásica, demasiado suya. Yo quería hacer algo nuevo, me apetecía rodearme de gente como yo, que no cargan con el peso de la experiencia, para no repetir fórmulas. Quería no perder esa sensación de estar

ME PREGUNTO QUÉ PASÓ CON LAS ALEGRÍAS QUE NO COMPARTÍ.
SI SE MARCHITARON O LAS PODRÉ VOLVER A CELEBRAR ALGÚN DÍA.

haciendo algo nuevo totalmente a mi manera, así que, una vez más, le dije que no.

Dos años más tarde, en un evento, alguien de mi equipo y total confianza se cruzó con ese productor. Y este le dijo algo así como: «¿Cómo puedes estar trabajando con él? No es un artista, es un producto. No es auténtico». Es curioso, porque he podido dudar de mi talento, pero si algo me ha ayudado a valorarme ha sido creer en mi autenticidad, en que lo que hago es lo que soy. Y ahí estaba ese señor, con tantos años de experiencia y aún sin haber aprendido a encajar un «no», tratando de convencer a otros de que yo no era auténtico. ¿Pensaba lo mismo de mí cuando llamaba insistentemente a la discográfica para producir mis discos? ¿Le dolió tanto que no quisiera trabajar con él como para intentar arrebatarme algo que había cultivado desde niño?

Parece que, a veces, quienes se consideran establecidos temen que aparezcan distintas formas de hacer, que alguien sin recorrido pueda demostrar que no eran imprescindibles.

En aquel momento me sentí injustamente juzgado. De nuevo, si no puedes contra algo, intenta convencer al resto de que no vale. Con el tiempo entendí que hay egos que se incomodan cuando decides no deberles nada. Ocurrió algo parecido cuando publiqué mi libro de ilustraciones *Anatomías íntimas*. Un ilustrador se esforzó en crear un *post* para explicar que yo no era un ilustrador «de verdad», sino un cantante aprovechando su fama para ocupar un territorio ajeno sin un ápice de autenticidad. Una vez más, la autenticidad como arma arrojadiza. Una vez más, cuando no pueden cuestionar tu obra, atacan tu legitimidad como creador. Otra vez, el miedo a perder espacio.

En mi segunda presentación en Ciudad de México, volvimos a agotar entradas, esta vez en un recinto aún más grande. Demostrando que aquel primer éxito no había sido algo puntual. La promotora colocó carteles de *sold out* por las calles, y varios medios publicaron la noticia con un titular que reafirmaba el amor del público. Recuerdo algún titular que decía: «El español que más aman los mexicanos». Bonito, la verdad. Ese mismo día, un compañero guitarrista de una banda *indie* española, que también se estaba abriendo camino en México, publicó un tuit: «Os gusta vender "*sold outs*" donde no los hay. Y al final todo se sabe. Aunque sea a miles de kilómetros de casa. Bandas y cantantes consolidando carreras a base de vender humo y aparentar en redes. Desde aquí oiré la caída».

El tuit me llegó por varias personas del entorno, y su mensaje coincidía demasiado con nuestro anuncio, publicado apenas unas horas antes. Le escribí directamente por WhatsApp: «¿Eso iba por mí?». Porque no caía en otro artista español anunciando un *sold out* a miles de kilómetros, como él decía. «Te aseguro que no te estaba señalando, no sufras», respondió. Me llamó la atención ese «no sufras», dando por hecho que su opinión tuviera ese poder sobre mí. Yo, y todos los que lo leímos desde México, entendimos que el sufrimiento real no es que alguien ponga en duda tu éxito, sino el de vivir pendiente del éxito de los demás. Vivir esperando un tropiezo, con el miedo de que, en un pequeño salto, alguien te adelante.

Me supo mal que viniera de alguien cercano, con quien había coincidido tantas veces en conciertos y se había mostrado simpático. Que seguramente también había pasado por esos momentos de incertidumbre de cuando las cosas empiezan a ir bien. Me gustaría pensar que en la música no hay línea de salida ni meta. Que no estamos delante ni detrás de nadie.

Creemos que las redes sociales nos dan libertad para expresarnos, pero a menudo se convierten en el altavoz de un ego que no hemos sabido domesticar. Un ego alimentado por el miedo, por la necesidad constante de demostrar valor, aunque para eso tengamos que pisar a otros.

Al principio de este capítulo me preguntaba qué es la autenticidad y cómo se mide. Curiosamente, el momento en que más auténtico me he sentido no ocurrió en un escenario, ni frente a una multitud. Fue en casa, cuando una de mis hermanas escuchó uno de mis discos recién terminados y dijo: «Es que estas canciones son tan tú, tienen tanto de ti, que impresiona». ¿Quién podría valorar mejor mi autenticidad que alguien que estuvo ahí la primera vez que tracé una línea o que canté una frase?

Freddie Mercury decía que el verdadero éxito es lograr ser uno mismo. También creo en eso. Porque cuando lo que hacemos refleja con honestidad quiénes somos, logramos ser irremediablemente auténticos.

## la FELICIDAD y el RUIDO

Siempre hemos escuchado eso de «donde duele, inspira». Suena muy poético, pero ¿solo el dolor puede llevarnos a sacar lo más creativo de nosotros mismos? ¿Para llegar a la genialidad hay que atravesar el sufrimiento? Creo que el pesar nos empuja a un estado más existencial, más trascendental, más cercano a lo profundo y esencial. Nos coloca frente a una materia prima emocional que ya de por sí carga una intensidad poderosa. Pero también pienso que eso sucede, en parte, porque todos identificamos el dolor y la tristeza cuando la sentimos. En cambio, la felicidad nos lleva hacia estados más eufóricos, donde preferimos la celebración a la reflexión. Y el proceso creativo, en muchos casos, requiere justo lo contrario: un diálogo interior que a menudo usamos para sanar heridas.

Pienso que la verdadera felicidad, la que va más allá del chute de dopamina, es sin duda inspiradora. Pero vivimos en una sociedad que nos ha convencido de que es menos *cool*, menos moderno, menos auténtico, celebrar la alegría a través del arte que manifestar el dolor.

Así, hemos delegado la exaltación de la felicidad a los *influencers*, que no son poetas, y han dibujado la felicidad encima de cenitas caras, viajecitos a islas y ropita nueva. Hemos creído que esas son las vidas felices, llenas de elementos que facilitan la alegría. Y ahora pensamos que es difícil ser feliz sin tener acceso a esos tótems de consumo.

Necesitamos que las personas creativas vuelvan a hablar de la felicidad y le dibujen un nuevo rostro. Uno más acorde con su profundidad, más digno y honesto. No una sonrisa corregida con Invisalign, seguida de un código de descuento, con filtro y rodeada de *hashtags*. Necesitamos que las personas creativas sepan verse interesantes siendo felices, y no torturadas fumando. Que nos hablen de una felicidad auténtica, espontánea y espiritual, con la misma sensibilidad con la que muchos han sabido hablar de la tristeza.

Así como la tristeza y la sobriedad han tenido a su servicio a los mejores compositores, ilustradores y demás artistas, la felicidad ha sido a menudo maltratada con clichés: una estética descuidada, vacacional, pasajera, veraniega, o de postal que nadie enviará y que perderá su color año tras año, expuesta en una gasolinera. Mi amiga Suu canta en el estribillo de una canción: «*Mira, com el Sol ens mira, sembla una postal barata de les illes*» («Mira, como el Sol nos mira, parece una postal barata de las islas»). Porque eso es muchas veces a lo que hemos reducido en el arte a la felicidad: una postal barata. Una canción llamada *El chiringuito*.

Recuerdo que, en los despachos de la discográfica, los capos se «alegraban» cuando un artista rompía con su pareja, porque eso significaba nuevo repertorio. Cinismo disfrazado de pragmatismo: como si el dolor fuera más rentable que la paz. Nunca he sabido del todo si soy más creativo en la tristeza o en la felicidad. Tal vez es que, aunque suelo mantenerme en un estado de ánimo bastante feliz, pocas veces olvido que me duele el mundo. Sí, una vez me regalaron una visita a una prestigiosa terapeuta y después de intentar averiguar qué me pasaba y decirme que me veía muy equilibrado, solo supe decirle: «Me duele el mundo». Agradezco cada segundo bello en el que habito, pero no dejo de sentir el peso de estar vivo. El intento constante de que la existencia no sea una carrera hacia la soledad. Suelo ser feliz, pero sin olvidar el dolor del mundo, es un ruido blanco que siempre está ahí, sonando a la vez que las estrellas, la luz contra la incertidumbre. Quizás la capacidad de escucharlo y sentirlo me haya atado para siempre al arte.

# SER PRÁCTICO

No seas práctico.

El atardecer se cuela por la minúscula ventanilla de un avión e inunda de luz las filas del lado contrario. De pronto, todos los pasajeros se vuelven dorados. Una chica lee a Juan Rulfo. Detrás, alguien borra fotos de viajes para liberar espacio en su teléfono. Yo soy incapaz de borrar fotos de mis gatos. No me gusta pensarlo, pero si un día faltan, incluso la peor imagen ayudará a mantener más preciso y vivo el recuerdo que guarde de ellos. Me pasa lo mismo con las personas que quiero, con los momentos en que he sido feliz. Son archivos emocionales.

¿Ves? No soy práctico. No tengo espacio libre en el teléfono. No he descansado para el concierto aprovechando este vuelo entre ciudad y ciudad. Estoy embobado con las pequeñas magias que esconde la realidad, porque me gusta el camino largo. El camino equivocado del que habla La Bien Querida. Pero es que no hay otro camino para el arte. No hay inspiración en la autopista ni sabor en las franquicias.

En un mundo cada vez más homogéneo y con menos opciones reales donde elegir. Infinitas falsas elecciones que acaban llevando al mismo resultado. Millones de millones de canciones y nadie encuentra el momento para escuchar un disco entero. Necesitamos cosas «en tendencia» para que sea «el mundo» quien haga de curador de nuestro consumo. Elegimos las canciones porque escuchamos quince segundos cien veces, en cien vídeos de alguien mostrándonos la ropa que se ha comprado creyendo que la eligió él… y no la marca de moda del momento.

La libertad menos libre, la vida en piloto automático no inspira. No seamos prácticos.

SE PUEDE SER FELIZ SIN OLVIDAR
EL DOLOR DEL MUNDO, ESE RUIDO BLANCO
QUE SIEMPRE ESTÁ AHÍ, SONANDO
A LA VEZ QUE LAS ESTRELLAS.

QUIZÁS LA CAPACIDAD DE
ESCUCHARLO Y SENTIRLO
ME HAYA ATADO PARA SIEMPRE
AL ARTE.

## la POCA COMPAÑÍA

Cuando renové por primera vez con mi discográfica me dijeron algo que me cautivó: «Nosotros queremos ser tu compañía porque queremos acompañarte, que no estés solo en este camino». Sonó tan bonito que no pude hacer otra cosa que creérmelo. La renovación llegó tras publicar *La Idea Salvaje*. Hasta que *Qué Electricidad* no empezó a acumular millones de escuchas, yo era invisible en la compañía. Luego me volví «semitransparente». Nunca llegaron a creer que pudiera crecer mucho más, porque no encajaba en lo que a ellos les había funcionado con tantos artistas: la radio.

Renové en un momento dulce, creyendo que ahora sí me harían caso, que apostarían por mí tras haberme hecho un hueco en la escena independiente. Tras aquel viaje a México con todo vendido en minutos. Y cometí el error de pensar que necesitaba una discográfica, cuando había logrado todo aquello siendo el último mono allí dentro, sin ninguna «compañía» en los dos sentidos. Pero ¿cómo no me iban a renovar? Si no era un artista caro, porque funcionaba con lo poco que hacían e invertían.

Tras el éxito en Latinoamérica, empezaron a intentar repetir la jugada con otros artistas de larga trayectoria, pero con viajes en primera, promoción y conciertos en grandes recintos aunque no se llenaran. A mí, que seguía vendiéndolo todo en cualquier ciudad de México, no me costeaban conciertos ni campañas de radio que hubieran ayudado a impulsar el éxito orgánico que iban teniendo las canciones que publicaba.

Perdí la oportunidad de que alguien apostara de verdad por mí, o de apostar yo mismo, en el momento en el que muchas miradas estaban puestas sobre mi proyecto como algo emergente que estaba posicionándose. Por lo menos, me cambiaron el equipo de *marketing* por uno mucho más competente y sano. Salió el siguiente disco: *Diferentes Tipos de Luz*, con varias canciones que superaron la popularidad de *Qué Electricidad*. El disco tuvo en poco tiempo el doble de reproducciones que el anterior y, además, me regaló mi primer *Latin Grammy* por Mejor Diseño de Empaque en 2018.

Mis condiciones dentro de la compañía habían dejado de ser horribles, pero en la siguiente renovación ya sabía que no iban a apostar fuerte por mí. Lo hice sabiendo que no iba a cambiar mucho la cosa, pensando que sería difícil superar el éxito del disco anterior y que conservar las cosas como estaban durante un par de discos más ya me venía bien. Pero el principal motivo fue enamorarme de la casa de mis sueños y no tener suficiente dinero para comprarla. El día que me reuní con el presidente para renovar mi contrato le dije: «Quiero comprar esta casa». Acordamos el dinero que necesitaba a cambio de dos discos más.

Durante aquellos años pasaba media vida en aeropuertos, hoteles y aviones, y fue en esos sitios donde empecé a trabajar en las nuevas canciones. Prácticamente cada tema del siguiente disco nació en un lugar diferente del mundo. En sitios donde apenas podía ensayar o componer con la banda, lo que me llevó a un sonido más basado en texturas y *beats*, donde las guitarras ya no eran la base rítmica sino un arreglo que daba a las canciones una personalidad más exótica, nómada, o como escribí en la menos escuchada del disco, pero una de las más sentidas: «de ningún lugar» (*El Gringo*).

Una mañana, tocadísimo por el *jet lag*, en una radio cristiana de Bogotá el locutor le dijo a los oyentes: «Si vieran a nuestro invitado de hoy, pensarían que es como una especie de Jesucristo Tropical». Y en aquel momento, en ese lugar tan fuera de contexto en mi vida, me sentí bautizado por aquel bendito locutor. Durante esos años, en los que la gente me pedía fotos en lugares remotos, corrían tras la furgoneta o esperaban en la puerta de los hoteles, sentí que el artífice de todo aquello no era tanto yo como aquel idealizado Jesús tropical.

Era como una armadura que me protegía. Empecé a vestir siempre con colores beige y blancos, y a llevar sombrero. Él era más guapo, solo daba y recibía amor. Nacido en ningún lugar, pero crecido en demasiados lugares bonitos del mundo. La imagen de éxito que todo el mundo veía. Fiel a mi idea de sentirme siempre empezando, propuse a la discográfica cambiarme el nombre artístico, pero a todos les pareció una locura. Yo decidí, entonces, poner ese nombre al disco, para que, de esa forma, ese Jesús de treinta y pocos años también fuera, de algún modo, eterno. Que el disco fuera un retrato de esos años divinos de mi vida.

¿Y le salió rentable a la compañía darme tanto dinero por aquel disco con nombre de profeta tropical? *Tropical Jesus* volvió a funcionar casi el doble de bien que el disco anterior. *Isla Morenita* me llevó a mi primer WiZink Center. También vino *Aloha*, que se usó en un anuncio de Honda en Estados Unidos, convirtiendo ese país en mi tercer mercado con más oyentes. *Todo Estaba Bien* entró en los tops de varios países latinoamericanos. Obviamente, recuperaron enseguida aquella suma que me permitió comprar la casa de mis sueños. Pero yo, gracias a ellos, pude adquirirla justo en el momento en que la encontré. Así que, bueno, esta vez no me sentí tan bobo... Al menos por el momento.

En mi último viaje con la discográfica vi algo muy gráfico. Volvíamos de los Latin Grammy 2024, en Miami, donde había estado nominado. Yo viajaba solo, en la última fila del avión, mientras los directivos de mi compañía y de alguna otra ocupaban todos la primera clase.

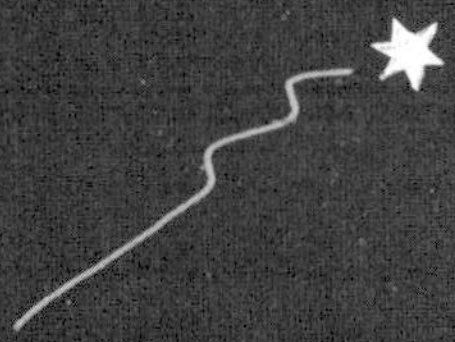

## el SENTIDO del HUMOR de DIOS

Cuando decidí que el cuarto disco debía llamarse *Tropical Jesus*, llamé a la persona más cristiana que conozco para pedirle su opinión. Quería saber si era algo que pudiera verse como ofensivo y, aunque su respuesta no fuera a hacerme cambiar de opinión, quizás me preparaba para lo que pudiera venirme tras su publicación.

Detrás de la historia de ese nombre había también una especie de reivindicación, un recordatorio de la parte más hiperhumanista del mensaje de Jesús. Si dejamos de verlo como un personaje religioso y lo pensamos como un revolucionario de la ética y la espiritualidad, me parece brillante que, en un momento tan convulso de la historia, dijera algo como: «Amemos al prójimo como a nosotros mismos». Esa invitación a ver la dignidad en los demás conlleva una exigencia ética tan abrumadora como luminosa. Implica desactivar el ego y colocar al otro en el centro. Quería que *Tropical Jesus* encarnase ese tipo de amor radical.

Pero, claro, hablar de Jesús no es como hablar de cualquier otro pensador; es algo mucho más delicado por su vínculo con la religión. Así que llamé a mi carismático amigo Robbie Lear. «Querido Carlos, en la fe, como en cualquier otro lugar, hay personas estúpidas que se pueden ofender. Pero no te preocupes, porque Dios tiene un sentido del humor exquisito y seguro que a él le va a hacer muchísima gracia.»

Nunca más volví a preocuparme por ese título. De hecho, en aquel momento me vino a la cabeza esa mítica frase de un tatuaje carcelario: «Solo Dios puede juzgarme». Años después leí que algunos teólogos, como Karl Barth, sugieren que el humor es una forma de humildad divina.

¿Y creo yo en Dios? Me cuesta pensar en la fe como una certeza absoluta. Creo que su magia reside, precisamente, en la falta de evidencia racional. Sin duda, si Dios existe, una de sus jugadas más brillantes ha sido no habernos capacitado para demostrar su existencia ni para negarla, dejándonos así libres. Incluso para ignorarlo.

## el MEJOR

Creerse el mejor suena fatal, pero no es tan mala idea. No hablo de sentirse por encima de los demás, sino de confiar en que uno puede ser bueno. No solo capaz, sino muy bueno. De apuntar más alto de lo que sabemos hacer, porque si no creemos que podemos lograr algo valioso, ¿cómo vamos a poner toda nuestra energía en ello? ¿Pondremos el mismo esfuerzo en algo que ya imaginamos mediocre en su resultado y que sentimos que mil personas harían mejor?

Para no caer en el desánimo que frena antes de intentarlo es importante creer que tenemos algo que aportar. Ese valor no tiene por qué ser técnico, muchas veces puede ser creativo. Si empezamos algo que no dominamos, es una gran idea pensar que nuestro punto fuerte está en la originalidad, en hacerlo de otra manera. Ahí hay frescura, en no rendirse ante la evidencia de que aún no somos expertos.

Un día descubrí una ilustradora con un estilo parecido al mío, pero mejor. Cada vez que veía un trabajo suyo, el mío se volvía más pobre a mis ojos. Llegué a pensar que yo no tenía nada que aportar a la ilustración si había tanta gente haciendo algo similar, pero muy superior. Empecé a sentir pudor por mostrar mis dibujos y, entre eso y la hostilidad que recibí por parte de aquel ilustrador de Barcelona al publicar mi libro, prácticamente dejé de dibujar después de una vida haciéndolo como principal entretenimiento.

Fui idiota. Cada vez que intentaba retomarlo, me sentía oxidado y atrapado en la comparación. Convencido de que ya no era lo suficientemente bueno. Fui idiota, porque no podemos dejar de hacer lo que nos hace felices solo por ver que hay quien tiene mejor técnica. Nuestro valor es aportar algo personal, algo que haga la obra única. Y cuando algo es único, deja de tener sentido preguntarse si es mejor o peor.

Después de años sin dibujar, una noche soñé con la portada de un disco totalmente ilustrado. Al despertar, hice un boceto a boli que aún conservo en un cajón, tratando de capturar lo que aquel sueño me dejó ver. Supe que tenía que hacer yo mismo aquel dibujo nacido del inconsciente por mucho que me costase.

Poco a poco, fui componiendo ese círculo de elementos que vuelan, cabalgan y atraviesan el espacio alrededor de una estrella perenne. Una vez más, las estrellas vienen a salvarme. Dibujaba de forma intuitiva, probando, borrando, repitiendo hasta dar con las formas. Lo más satisfactorio no era buscar la perfección, sino traer a la realidad lo que había visto en sueños. Aquella portada se convirtió en mi segunda nominación a los Latin Grammy. Y aunque esta vez no lo gané, me llevé conmigo a Miami al pequeño Carlitos que pasaba las tardes dibujando y fue a él a quien le colgué la medalla.

Sin duda, aquel niño, en algún momento, se creyó el mejor y por eso lo intentó todo.

## la LOCURA en el ARTE

Existe el mito romántico de que los artistas están un poco más cerca de la locura que el resto de las personas. Uno de los ejemplos más populares sería el de Vincent van Gogh, cuya inestabilidad emocional, ya fuera depresiva, ansiosa o quizás bipolar, nutrió una percepción del mundo profundamente singular. Conectada a su sensibilidad extrema. En otros casos, como el de Salvador Dalí, esta supuesta locura fue más bien una construcción intencionada: un personaje excéntrico obsesionado por distorsionar la realidad, pero dotado, eso sí, de una técnica excelente que legitimaba sus extravagancias. Dalí instrumentaliza la locura como estrategia creativa, no como síntoma, convirtiéndola en su propio lenguaje expresivo.

Un caso menos conocido, pero donde sí podemos ver el vínculo entre trastorno mental y expresión artística, es el del pintor británico Louis Wain. En el siglo XIX, Wain se especializó en retratar gatos, se hubiera vuelto viral en Instagram. Tras desarrollar esquizofrenia y a medida que la enfermedad avanzaba, sus obras se volvían cada vez más abstractas y psicodélicas, reflejando la evolución de su estado mental. Sus últimas obras han sido objeto de estudio en psiquiatría por la forma en que muestran el impacto de la enfermedad en los procesos perceptivos y creativos. Curiosamente, esas imágenes finales, más perturbadoras y únicas, han trascendido en la historia con mayor peso que los primeros gatos, coquetos y correctos. Otros casos como el de Sylvia Plath, Frida Kahlo, marcada por su dolor físico y emocional, o Edgar Allan Poe, también ilustran cómo el sufrimiento psíquico se entrelaza en sus obras, alimentando ese mito de la locura.

A veces me pregunto si las grandes ideas nacen de una reflexión lúcida y estructurada, o más bien de un impulso instintivo y carente de estrategia. Si fuera lo primero, la inteligencia artificial ya podría componer las mejores canciones, o habríamos desarrollado una fórmula basada en datos capaz de replicar el éxito de una obra.

La lucidez, sin duda, ayuda a comprender el comportamiento humano, a dar coherencia a las ideas y a perfeccionar la técnica, pero también puede alejarnos de la espontaneidad y de lo intuitivo. He visto a muchos músicos con alta formación académica ser incapaces de conectar con la creatividad. A veces, su propio conocimiento los encierra en fórmulas poco sorprendentes en vez de abrirles caminos. Desde luego, esto no es siempre así. Muchos grandes artistas han alcanzado una técnica impecable y, precisamente al dominarla tanto, han logrado liberarse y crear algo único.

Cuando se habla de «locura» en el arte, no creo que se aluda necesariamente a un trastorno mental, sino a una forma propia de percibir y habitar el mundo. Una manera propia de vivir y pensar que te permite romper las inercias. Estoy convencido de que el impulso irracional e instintivo conecta con el público de una forma mucho más directa y profunda que cualquier despliegue técnico y fórmula estudiada.

La cordura es necesaria para que la locura no se vuelva incomprensible. La locura inventa, la inteligencia organiza. La técnica resuelve, pero la emoción es la que de verdad conmueve.

## los ÚLTIMOS NENÚFARES de MONET

Una de las cosas que más me fascinan del arte es cuando el artista convierte una limitación en una forma extraordinaria de expresión. Pienso en Henri Matisse, quien, tras la delicada cirugía que le impidió seguir pintando con agilidad, empezó a trabajar con recortes desde la cama o la silla de ruedas. Creó así sus famosos y genuinos *collages*. Un impedimento llevó a Matisse a renovar su método y, así, reinventarse creando una de sus series más icónicas.

Claude Monet, por su parte, pintó más de doscientos cuadros de nenúfares a lo largo de su vida. En sus últimos años, afectado por cataratas, su visión se volvió borrosa y amarillenta. Lejos de dejar de pintar, esa nueva percepción le llevó a crear sus pinturas más expresivas y abstractas; los últimos nenúfares de Monet.

¿Sufjan Stevens es un gran cantante? Para mí lo es. Porque la fragilidad de su voz, casi desafinada, tiene una vulnerabilidad única que encaja perfectamente con el aura nostálgica y etérea de sus canciones. No canta «bien», pero canta «precioso». Me encanta cuando los artistas no se detienen ante sus limitaciones, sino que las integran y modelan, como nuevos retos y formas únicas de hacer las cosas.

Por cierto, si algún día pasas cerca de Niza o Cannes, visita el pueblo de Vence y pregunta por la Capilla del Rosario. Los años que Matisse pasó recuperándose tras la cirugía estuvo al cuidado de una enfermera que, años más tarde, se convertiría en monja. A pesar de saber que él no era un hombre religioso, le pidió que diseñara la capilla. Él pintó los murales y diseñó los espacios y vidrieras de colores, llegando a considerar esa capilla su gran obra maestra. Nunca he ido, así que si algún día vas, disfrútala también por mí. Y mándame una foto.

## el MAL AMOR

Mientras me duchaba en casa de la chica con la que llevaba unos meses saliendo, ella aprovechó para revisar mi teléfono de arriba a abajo. No encontró nada que, a ojos de una persona razonable, pudiera generar conflicto. Pero aquel día descubrí que no iba a tener la suerte de vivir una historia tranquila, ni sana.

Al salir de la ducha, me la encontré absolutamente fuera de sí, recriminándome el tono cariñoso de los mensajes con mi anterior pareja durante los años que estuve con ella: «Si que os hablábais con cariño, ¿no? Eso es que la querías mucho», me repetía entre gritos y llantos.

Yo nunca había estado con alguien que hablase con tanta violencia, así que interpreté que aquello le dolía de verdad o le causaba una gran inseguridad. Ella acababa de mudarse a Barcelona y yo no quería ponérselo más difícil, así que entendí que me llegase a pedir que no hablase ni una palabra con ella. «Lo que ella te aporte no compensa el daño que me haces a mí», me decía. Si quería ir a un restaurante en concreto: «¿Te gusta porque fuiste con tu ex?». Si ya había visto una película o serie: «¿La habías visto con tu ex?».

Tras esa fijación y los mil conflictos que ello trajo a pesar de que yo no hiciera nada, dio un paso más: lo extendió a todas mis amistades femeninas. «¿Tanto te aporta esta tía para seguir siendo amigos si estás conmigo?». Si me hablaba una chica, más valía que fuera por algo estrictamente profesional. Corría a abrir la foto del WhatsApp para ver si tardaba en cargarse, para asegurarse de que no la hubiera abierto antes, de lo contrario me lo echaba en cara: «¿Es que te gusta? ¿Te parece guapa?». Fue imposible conservar ninguna amistad.

Lo peor, sin embargo, fue la manera en que descargaba sobre mí sus frustraciones. Si algo en su vida o en su trabajo no salía como esperaba, yo lo pagaba, aunque no tuviera ninguna responsabilidad. No puedo enumerar las infinitas situaciones violentas que viví: desde acompañarme a conciertos y acabar gritando o empujando a chicas que venían a saludarme, hasta arruinar viajes, cumpleaños o celebraciones especiales con broncas monumentales por cosas que escapaban por completo a mi control.

Recuerdo el viaje a Lanzarote en el que me equivoqué al salir de una rotonda. Me lo hizo pagar carísimo: primero con gritos, luego con desprecios que me hicieron sentir culpable todo el viaje por un pequeño despiste que costó seis minutos. Pero ahí descubrí que su enfado no era real, no era conmigo. Era porque aquellos días estaba nublado y no iba a poder tomar el sol ni hacerse las fotos paradisíacas que esperaba colgar en redes. Esa frustración interna que sentía ante mil cosas de la vida siempre necesitaba una vía de escape y una persona a la que responsabilizar. Y, en su vida, ocupé ese lugar concediéndole perdón y empatía. Tan continua y constantemente que acabé normalizándolo.

Mientras tanto, la música me iba tan bien que se convirtió en un refugio, en el pilar sobre el que sostenerme. Trabajar en ella me aportaba tantas cosas positivas, que mi ánimo se subió a esa columna para mantenerse a salvo de todo lo demás. Sentía una extraña contradicción entre sentirme el más afortunado y a la vez el más desgraciado. Incluso llegué a pensar que el hecho de que ella me bajara a la tierra era algo positivo, que me impediría volverme tan estúpido como muchos otros famosos que había ido conociendo.

Escribí una canción que se titulaba *Reina del Mal Humor*, pero no me atreví a terminarla ni a publicarla. Por eso pasé mucho tiempo escribiendo más sobre lo que deseaba que sobre lo que vivía. Y cada vez que cantaba una preciosa canción de amor, me sentía profundamente triste por saber que eso era puro idealismo, que era lo que mi corazón deseaba sentir.

Mientras la música me hacía feliz, todo esto minaba mi autoestima. Durante un tiempo decidí marcar con un punto rojo en mi agenda cada día que sufría una situación de violencia psicológica o trato inaceptable, para convencerme de que no podía seguir así. Tuve que marcar cada día, algunos con varios puntos, así que dejé de hacerlo porque me daba miedo dejarla y cómo pudiera actuar.

¿Por qué me costó tanto tiempo salir de ahí? Creo que logró convencerme de que ella era mucho más de lo que yo podría aspirar a tener. Muchas veces, cuando nos cruzábamos con alguna chica poco agraciada pero que estuviera leyendo un libro o tuviera un aspecto intelectual, ella me decía: «Si no estuvieras conmigo, te imagino con una chica así». Nunca lo dijo con una chica normativamente guapa, así que acabé entendiendo que se refería siempre a lo físico. La belleza como un campo de batalla donde ella sentía que podía ganar. Y, de paso, sembrar en mí la idea de que lo intelectual y lo poco atractivo van de la mano. Como si el pensamiento crítico, la curiosidad o la profundidad emocional fueran solo estrategias de supervivencia de los feos.

Utilizó una forma sutil y constante de alejarme de la cultura. Si en el mundo superficial de la apariencia tenía pocos rivales, en el ámbito intelectual ocurría lo contrario, y lo sabía. Por eso empezó a despreciar todo lo que sonara mínimamente culto, o cualquier música que escapara del reguetón o los *trends* de Tik-Tok. Cualquier interés cultural le parecía una pose, algo esnob. Me acusaba de tener esos gustos solo para creerme superior y diferente. Fue un proceso de erosión lenta de la autopercepción, un goteo constante que debilitó mi autoestima. Ya podía ganar *grammys* o llenar recintos: siempre había alguien que se encargaba de bajarme de golpe al suelo para volver a la realidad. Pero ¿cuál era la verdadera realidad?

Terminé creyendo que debía sentirme afortunado por tener a una persona que todo el mundo veía tan atractiva a mi lado. Poco a poco, sus frases fueron calando en mí hasta convencerme de que estaba viviendo algo excepcional, algo que, ni por asomo, podía echar a perder. Así fui normalizando, perdonando y olvidando cada grito, cada mala palabra y cada chantaje emocional.

De poco servía notar que cada vez más chicas, y más atractivas, quisieran acercarse a mí. En mi cabeza ya se había instalado la certeza de que todas ellas solo veían una versión agrandada de mí: la imagen que proyectaban los discos, los videoclips, las redes. Esa imagen ya existía antes de que pudieran conocerme de verdad, antes de que tuvieran la oportunidad de quererme por lo que había detrás de todos esos fuegos artificiales. Me daba miedo ser más admirado que querido. Que cualquier vínculo se construyera sobre una proyección idealizada y no sobre mi verdadera esencia. Que llegaran con una imagen prefabricada y no hubiera tiempo de revelarnos poco a poco, como en cualquier historia normal. Y peor aún: que esas relaciones fueran tan volátiles como la propia admiración del público, que va y viene con las modas.

Supongo que todo eso me llevaba a aferrarme a una relación que, aunque tormentosa, me veía sin las distorsiones del estatus o la fascinación de la fama. Yo buscaba que alguien me quisiera sin un ápice de admiración, tal vez por ese miedo a perderme en el cielo prestado de la música.

Cuando a veces digo que Latinoamérica me salvó la vida, no me refiero al éxito. Me refiero a que fue mi lugar seguro, aunque estuviera a decenas de miles de kilómetros de casa. Ella se encargó de llamarme hasta hacerme llorar en cada viaje que yo hacía. A veces porque no podía ayudarle a resolver un problema absurdo con un electrodoméstico desde allí; otras, porque se me había ocurrido visitar algún sitio turístico sin ella. Después respiraba hondo, subía al escenario y tocaba para todas aquellas personas que me esperaban al otro lado del mundo. Y entonces pensaba: «Esta vida es maravillosa, no puedo juzgar a los demás por sus problemas aunque a mí me parezcan pequeños». Y volvía a perdonarla, aunque sus broncas telefónicas empañaran momentos preciosos. Mi mánager de aquel entonces siempre me recuerda llorando por las calles de una ciudad en la otra punta del mundo, minutos antes de subir al escenario. Me decía: «Existen dos Carlos, el que brilla y el que la tiene a ella al otro lado del teléfono».

Siempre tenía ganas de ir a México, a Perú o a la Conchinchina a tocar. Me daba igual que me pagaran en dólares del Monopoly o chapulines. Estar lejos me devolvía la paz, me hacía reconectar conmigo, escuchar música bonita o hacer planes con amigos y amigas. Me sentía tan feliz en la distancia que me dolía pensar en regresar. En uno de esos viajes, vi cómo le pasaba algo parecido a un compañero. «No quiero volver. No me apetece volver a las broncas con mi chica», me confesó, y añadió: «Estoy mucho más feliz aquí».

Fue entonces cuando, de una forma mucho más nítida, me vi reflejado en él y entendí que todo aquello tenía que acabar, aunque no sabía ni por dónde empezar. Siempre me dio mucho miedo plantear un final. Sentía que me iba a echar en cara haberse mudado de ciudad por mí o, simplemente, que no iba a poder soportar sentirme tan mala persona. Pero entendí que, aunque la música me hacía inmensamente feliz, tenía derecho a serlo por completo.

Cuando alguien te quiere haciendo que dudes de ti mismo, poco a poco dejas de reconocerte. Tardé mucho, pero logré librarme a tiempo y recuperar quién era yo. Salvar mi personalidad, mis gustos, y poco a poco, recuperar mi autoestima.

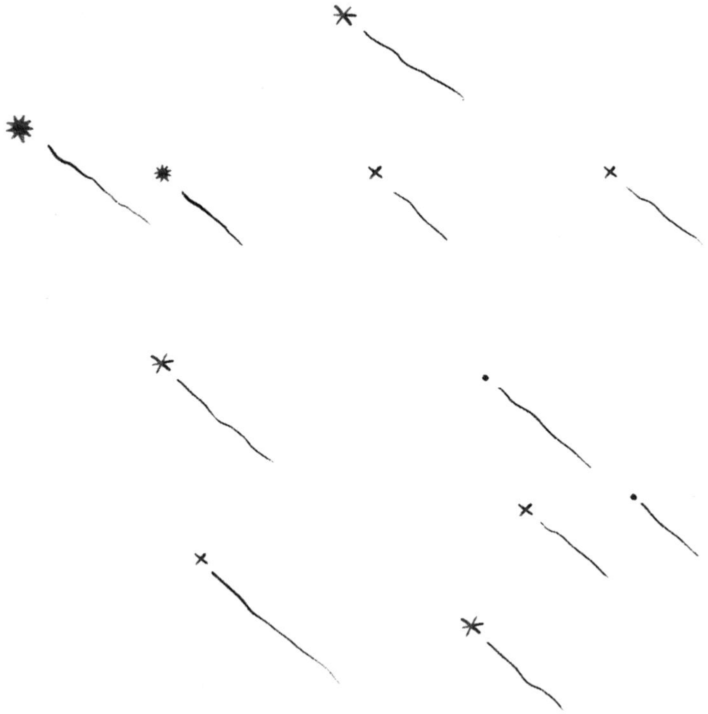

## CARLITOS y la HIGUERA

«Las higueras son traicioneras», dijo alguna vez mi madre. Por lo visto, mi abuelo se rompió algún hueso subiendo a una en busca de sus suculentos frutos. Aquel árbol reinaba en el corral de la casa del pueblo, con sus suntuosas y sinuosas hojas como abanicos y su sombra perfumada. El olor de la higuera. Siempre que paso cerca de una, me detengo a respirar.

Esperaba que algún día se inventara una máquina capaz de capturar olores, como una cámara fotográfica o una grabadora de sonidos. La habría llevado a la carpintería del tío José, a la cocina cuando mi madre traía masa de pan de la panadería para que yo jugara a hacer formas, al monte en primavera o a las calles perfumadas por los hogares de fuego en invierno. La ciudad no olía a nada y, cuando olía, ni siquiera era bueno.

Mis hermanas tenían un *walkman* que grababa. Con él, hacían programas de radio en los que presentaban canciones que les gustaban, desde George Michael hasta Depeche Mode. En alguna de aquellas tardes eternas en el pueblo de mi madre, escuché pasar un rebaño de ovejas por la calle. Corrí a por el *walkman* y grabé ese sonido mágico de cencerros antiguos y balidos. Como si así pudiera llevarme algo de aquel verano a Barcelona.

Más de treinta años después, podemos hacer que cualquiera, en cualquier parte del mundo, vea lo que estamos haciendo. Sin embargo, seguimos sin poder guardar un olor. Y quizás sea mejor así, para que nuestra memoria olfativa no se atrofie. Para que yo siga parándome ante las higueras, aunque sean traicioneras.

## TENGO MÁS TALENTO que TÚ

En uno de mis últimos conciertos antes de Sadness, toqué en un garito de Tenerife que se llamaba Café Kilombo. Antes de salir al escenario, mi amigo Pablo y yo nos entreteníamos tocando canciones de otros artistas con la guitarra española del camerino. Por entonces, Serrat y Sabina estaban de gira juntos, mezclando sus repertorios. «Algún día molaría hacer algo así nosotros, ¿te imaginas?», dijo Pablo.

Cuando empecé a montar una banda para mi primer disco, conté con tres buenos amigos y, a veces, metía a Pablo, aunque no tocase. Un día, el guitarrista conoció a un tipo que había venido a Barcelona y no conocía a mucha gente. Tocaba la batería y empezó a venir a los ensayos, poniéndose a tocar a la vez que el nuestro, hasta que este se hartó y dejó la banda. Luego trajo a su hermano, e insistieron en que debía ser el bajista, porque mi amigo todavía estaba aprendiendo. Esos hermanos querían ser mi banda y yo, nada asertivo por aquella época, no supe reaccionar. Pero empezamos a dar algunos conciertos y fue como estar girando con Mötley Crüe, pero con menos de cien personas de público. El primer día que los vieron Pito y mi A&R de Sony, me dijeron: «Por tu bien, tienes que deshacerte lo antes posible de esta gente». Ya me había dado cuenta, pero me daba pena quitarles eso.

Al empezar a intuir que no seguiríamos juntos, montaron exactamente la misma banda, pero con mi amigo Pablo como vocalista, y comenzaron a pedirme de manera constante que les hiciera publicidad en redes sociales. Yo anunciaba sus conciertos, pero la poca gente que me seguía por entonces apenas reaccionaba. Llegó un punto en el que ya no me llamaban para verme ni para otra cosa que no fuera: «Publica esto nuestro». Tuve que decirles que no podían depender siempre de mis redes. Nunca más volvieron a hablarme.

Unos diez años después, volví a hablar con Pablo. Retomamos la amistad. Él quería hacer música en solitario, desencantado de aquellos amigos con los que no logró nada sólido. Le presenté a compañeros de la música y fui comentándoles a todos que podríamos ayudarle a producir canciones. Le pedí que me fuera mandando lo que iba haciendo.

A los pocos meses, vuelvo a estar en un camerino, esta vez en Guadalajara, México. Voy a tocar en un festival y hemos aprovechado el viaje para anunciar mi primer Auditorio Nacional en Ciudad de México, el que será el concierto más importante de mi vida hasta ese momento. Entonces recibo un mensaje de aquel amigo. Por la hora en España, debía de estar de fiesta o simplemente desvelado: «Aún veo lo de Serrat y Sabina, tío». Pero yo, entre el *jet lag* y los nervios por el anuncio del *show* más loco de mi vida no caí, no supe de qué me estaba hablando y le pregunté que a qué se refería. Rápidamente me responde: «Increíble que no te acuerdes». Y agrega: «Tú con tu casa pagada y yo sin llegar a fin de mes. Me duele. No estamos a tanta diferencia en talento, y lo sabes. Es jodido».

Intenté rebajar esa conclusión argumentando que vivir del arte no es solo cuestión de talento, pero insiste en que, si yo lo hubiera ayudado más, su vida podría haber sido otra. Qué responsabilidad. «Podrías haberme cambiado la vida», repite, y añade: «Que yo siga aquí siendo tu amigo, no te lo mereces, que lo sepas. Pero vaya, aún sigo queriendo lo mejor para ti».

Me desconecté un rato del anuncio del *show*, en las horas previas a salir a cantar en aquel festival que me había llevado hasta allí, para intentar que viera las cosas de otra manera. Traté de explicarle que no tengo una varita mágica con la que tocar a nadie y hacer que su música cruce fronteras, sin recordarle las cosas en las que yo sentía que había intentado ayudar, aunque él no las considerase, para no entrar en un enfrentamiento de hechos.

La verdad es que duele que un amigo te hable así. Pero al menos él lo dijo. No como todos esos que piensan: «Tengo más talento que tú y estoy más jodido», pero en vez de decirlo con palabras, lo dicen con gestos.

Javier Ibarra dijo una vez: «La fama no me cambió a mí, cambió al resto de la gente». Y tenía razón. Es curioso: los amigos de toda la vida o de otros ámbitos como la publicidad se alegran por mis logros, lo presumen con orgullo entre sus colegas, se compran discos o entradas, o me escriben cuando les gusta una canción nueva. Pero no ha sido para nada así con la mayoría de los amigos que empezaron conmigo en la música.

La primera vez que lo viví fue con El Cansi, un supuesto amigo que venía siempre a cantar con nosotros a los conciertos. Descubrimos que, bajo un seudónimo, escribía pestes sobre mí en internet. Muchos otros desaparecieron en cuanto empezó a irme bien, justificándolo con frases como «ese se ha vendido».

Pero uno de los momentos que más me dolió fue tras renovar con Sony y comprar la casa. Un músico del grupo, que ya era amigo y que hasta entonces venía casi cada semana a mi piso alquilado, solo vino una vez a la casa nueva y evitó volver más. Su trato cambió por completo: dejó de buscarme, de escribirme, de hablarme salvo para cuestiones profesionales. Daba igual que viajásemos juntos en la furgoneta, se sentaba en la otra punta y, conmigo, solo hablaba de cuestiones del *show*.

Recuerdo una llamada suya en la que me pedía adelantar un viaje de gira a la madrugada, para no tener que volar por su cuenta tras tocar en un concierto suyo. Le dije que era muy peligroso conducir de noche tantos kilómetros. Me contestó con una frase que me heló: «Eso no es *rock and roll.* Te voy a explicar lo que es el *rock and roll*». Y lo dijo con una voz que ni era suya, como si hablara otro personaje mítico del rock español. A pesar de todo, lo mantuve cuatro años más en la banda, pensando que se le pasaría aquella silenciosa inquina hacia mí y dando valor a los años en los que no se había comportado así.

Uno de los aprendizajes más necesarios en la vida es no tratar injustamente a nadie. Ese error es difícil de reparar, sobre todo cuando hay un gran desequilibrio entre lo que uno da y lo que recibe. Si alguien lejano te trata con frialdad, molesta, pero no duele tanto. Cuando lo hace alguien a quien diste un lugar de valor, ofreciste tu cariño y compartiste momentos especiales, la herida es muy distinta. No se trata de esperar gratitud, pero sí un mínimo de responsabilidad afectiva.

Madre mía, desde que firmé aquel primer autógrafo estoy pidiendo perdón. Siempre me tocó vivir el éxito con algo de complejo. Como si todos lo merecieran mucho más que yo, pero a mí me sonriera una injusta suerte. Me da reparo comprarme un coche nuevo o disfrutar de ciertos privilegios. He aprendido, a las malas, a celebrarlo solo, para no hacer sentir a nadie de menos. Recuerdo la época en la que casi nadie me conocía y un compañero siempre me decía: «No sé cómo lo haces, pero tú le caes bien a todo el mundo». Supongo que cuando no representas ninguna amenaza es más fácil caer bien y no tener conflicto con nadie.

## la SOLEDAD

La dificultad para compartir la alegría acabó empujándome a una extraña y profunda soledad. Recuerdo estar con una chica a la que no me atrevía a contarle una buena noticia. No porque se midiera conmigo, sino porque cada paso adelante sentía que me alejaba un poco más de ella. Como si crecer fuera lo mismo que irse. No pude celebrar que me fichó una compañía ni que tocaba en mis primeros festivales. Con los amigos de la música también era extraño. Hablar de un éxito, o de los problemas que también traen las cosas relucientes, parecía puro egocentrismo.

Cuando un problema aparece como consecuencia de algo extraordinario, es difícil compartirlo con alguien que lidia con problemas más cotidianos, más reconocibles. Uno teme escuchar la mítica frase: «Problemas del primer mundo», como si no tuviera derecho a dolerse. Pero, al final, los problemas son problemas, y aunque la vida creativa tenga cosas preciosas, tiene también mucho sufrimiento y una exigencia constante que, a veces, alivia simplemente poder poner en palabras. Durante demasiado tiempo no tuve a muchas personas dispuestas a escuchar y entender esos pesares sin minimizar lo que me angustiaba.

Viví mis años de crecimiento profesional con una soledad sorda. Me acostumbré a no celebrar en voz alta. Y con el tiempo, eso hizo que no tuviera tanta conciencia de lo que estaba pasando y que a menudo dudara de si aquello era real o algo que muchos otros merecían más que yo.

Nietzsche dijo que la alegría compartida es una alegría doble y el dolor compartido, medio dolor. Y sin embargo, hay momentos en los que compartirla se ha sentido como una traición hacia quien no lo está pasando tan bien o hacia quien lo intenta sin recompensa. Ahí aparece la culpa.

El éxito culpable es otra forma de disonancia emocional de la que poco se habla. No se trata de vergüenza ni de soberbia, sino de sentirlo como un privilegio incómodo, como si estuviéramos quitándole algo a alguien que también soñó con eso. Cuando los raperos decían eso de «se ha vendido», en realidad estaban diciendo «ya no es uno de los nuestros, ya no comparte nuestros problemas», y eso es lo que nos aísla. Es una forma de expulsión del lugar de origen y de la autenticidad. Lo que podría ser motivo de orgullo se convierte en motivo de sospecha o traición.

La soledad puede no ser falta de compañía, sino falta de espacio social donde ser uno mismo. Quizás por eso volqué tanta personalidad en la música: porque ella era mi antídoto frente a la soledad. Allí podía brillar sin culpa. Al final del concierto, el aplauso y las lágrimas de emoción estaban más que justificados. Cantar es decir la verdad sin miedo. *Semitransparente* dice: «Hay cosas que es mejor no decirte, palabras que nos hacen temblar. Será mejor decirlas cantando, me cuesta menos de pronunciar». Pero cuando se apagan las luces y el confeti ya no brilla en el suelo, cuando todo el mundo ha vuelto a sus casas, puede ver uno a la soledad en su butaca a medio teatro, ni al final, ni en primera fila.

Uno puede aprender a bailar con ella, a habitar la soledad con cariño. Entender la soledad como un acto de recogimiento y regreso a uno mismo. Estoy seguro de que, bien llevada, puede ir acompañada de un gran aprendizaje, ayudar a despejar el ruido que no deja que escuchemos nuestra propia consciencia. Pero, desde luego, es bonita solo cuando uno la busca, no cuando es impuesta.

En la soledad aprendí a crear belleza. A ordenar el ruido y entregarle la emoción al arte. Me pregunto qué pasó con las alegrías que no compartí. Si se marchitaron ya, o las podré volver a celebrar algún día.

## el PUENTE de HIERRO

Lloro desconsolado contra la lona del techo descapotable de mi coche nuevo. Lloro repitiendo: «Perdón, perdón, lo siento muchísimo», bajo una nube de pelos que se va haciendo más grande con el aire que corre por esa carretera. La luz del ocaso hace que la oscuridad me engulla poco a poco, en una escena extraña en la que contrasta ese signo materialista de estatus con un extraño dolor emocional y sentimiento de culpa. Acabo de atropellar a un pequeño ciervo que se ha cruzado en mi camino. He frenado, ni siquiera iba rápido, pero no ha sido suficiente. Me siento fatal. Me duele muchísimo no haber podido evitarlo, y no dejo de llorar. Las cosas racionales difícilmente me tumban, pero las emocionales me derrotan sin compasión.

A veces, cuando me angustio, pienso en mi lugar favorito del mundo. No es una playa paradisíaca en Martinica, ni mi querida Salvation Mountain en la Costa Oeste. Mi lugar favorito del mundo podría pasar desapercibido para cualquiera: un puente de hierro desde el que se ve el atardecer, se escuchan las aves y el correr del río. Está ahí desde siempre, comunicando el pueblo con las montañas. Pero hace unos años, en los días más difíciles, desperté con la noticia de que un camión lo había derribado. Fui a verlo. Ya no se puede acceder. Ya no cruza el río ni lleva al monte. Es un camino sin salida, precintado. No hay planes de reconstrucción, ya que casi nadie pasaba por allí.

En este mundo azaroso, lleno de sucesos dispersos sin hilo conductor, a veces trato de ver cierto simbolismo detrás de ellos. La falta de narrativa me expone a un vacío de sentido que, pese a mi escepticismo total hacia el destino, me hace buscar un significado que la realidad no ofrece.

Mi lugar favorito del mundo ya no existe.

¿Es eso un símbolo de que el mundo ya no es un lugar para mí? ¿O quiere decir que debo aprender a habitarlo lejos de los lugares seguros tradicionales? Seguramente se derrumbó y ya, nadie es tan importante para el orden del universo.

Aun así, a veces cierro los ojos y vuelvo a ese atardecer infinito que mi imaginación ha reconstruido a partir de decenas de recuerdos. El verano anterior a su caída fui con mi madre a ver un atardecer, y con la llave de casa grabé en una de las vigas diagonales: «Mamá y Car», como queriendo atrapar aquel momento para siempre. Como un mensaje tranquilizador hacia el futuro que dijera: «Estuvimos bien aquí».

La mañana que leí que se había caído el puente de hierro estaba harto de todo: de tener que grabar TikToks para que la discográfica siguiera creyendo en mí, de aguantar a aquel músico de mi equipo haciéndome el vacío, del mal amor. Sentí que me derrumbaba con el puente. Que si él no lo había soportado, ¿cómo iba a hacerlo yo?

Mientras lloraba la muerte del ciervo, derrumbado contra la lona del techo de aquel coche reluciente, busqué la imagen del puente todavía nítida en mi cabeza. Y entendí que lo que más temo no es desconocer el rumbo de mi vida, sino que se derrumben los puentes que me llevan de vuelta a donde fui feliz alguna vez. Caminos por los que ya no pasa nadie, pero que todavía me sostienen cuando todo lo demás falla.

LO QUE MÁS TEMO NO ES DESCONOCER
EL RUMBO DE MI VIDA, SINO QUE SE
DERRUMBEN LOS PUENTES QUE ME
LLEVAN DE VUELTA A DONDE FUI FELIZ
ALGUNA VEZ.

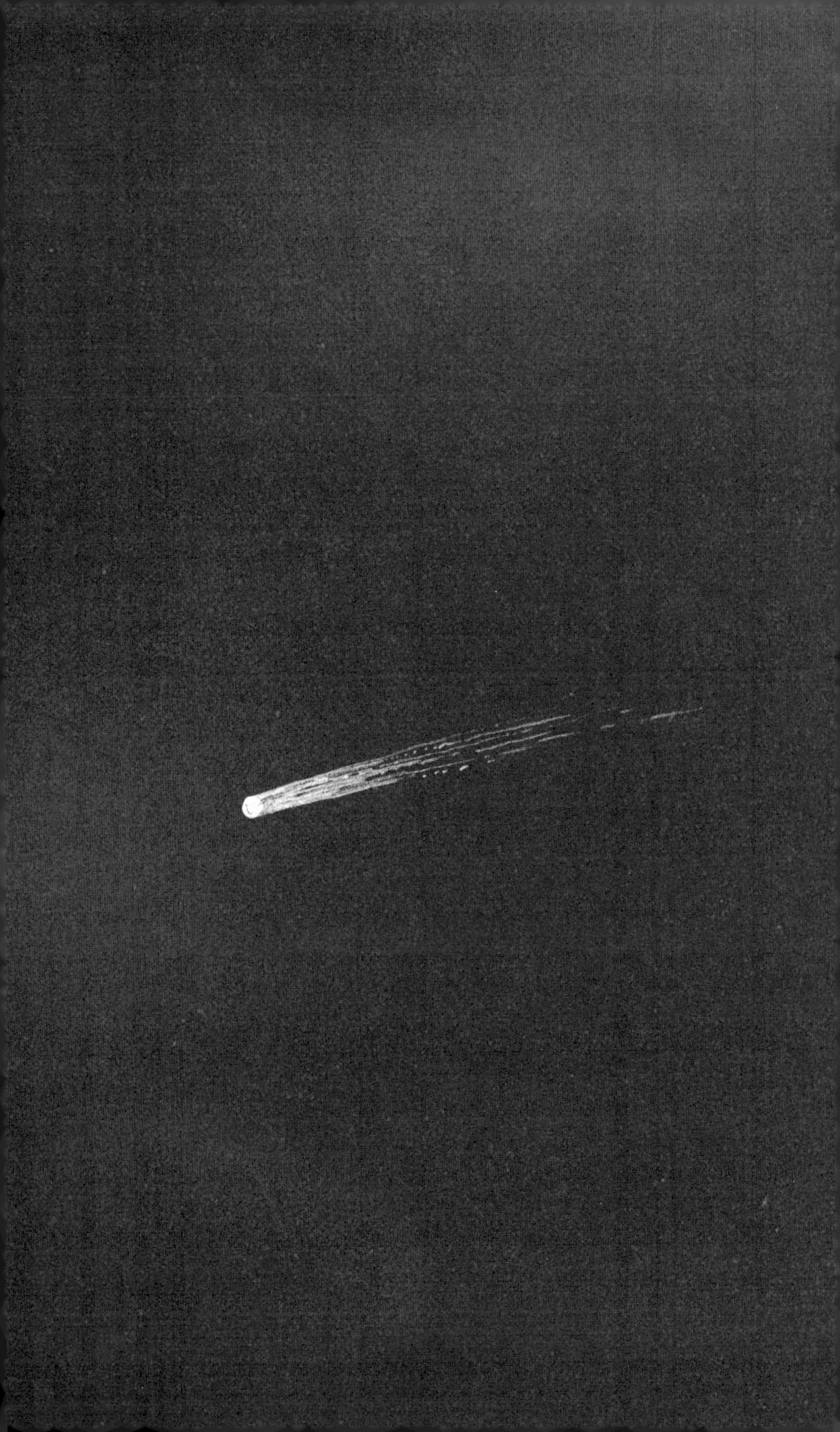

## PENSAR como aquel NIÑO

He recurrido muchas veces a la infancia para entender quién soy ahora: qué cosas me gustan, qué sueños persigo y qué me hace feliz. El único problema de una infancia feliz es que establece un punto de referencia inalcanzable: una felicidad absoluta que la adultez nos obliga a relativizar una y otra vez. Para no quedarme atrapado en la nostalgia ni caer en el miedo de haber vivido ya mis momentos más felices, he tenido que reinventar la felicidad con los años.

Hubo un tiempo en el que ser feliz era pasar los días de verano con mi familia en un apartamento minúsculo junto al mar y que alguna noche se cenase pizza. Puedes intentar repetirlo de adulto, pero nunca será lo mismo. Seguramente falten personas, falte inocencia y sobre experiencia. Sobran todas esas cosas que habitan la cabeza del adulto: preocupaciones, cálculos o miedos por resolver. Sobra, sobre todo, la conciencia de la finitud. Saber que nada precioso dura para siempre, aparte de las estrellas perennes. Sobra saber que los pequeños momentos felices llevan consigo la sombra de su propia desaparición.

Los científicos afirman que el cerebro humano está diseñado para adaptarse a la felicidad, y convertirla en un estado base. Lo que un día nos deslumbra, luego se vuelve rutinario e insuficiente. La sociedad de consumo ha aprendido a sacar partido de ese mecanismo humano y por eso nos bombardea con nuevas formas de aburrirnos de lo que ya tenemos. De la ropa, de los coches o de las personas y las parejas que nos rodean. Hemos inventado *apps* para elegir a personas como quien *escrolea* las mil ofertas de AliExpress. Como si la felicidad no pudiera sostenerse sin estrenar emociones cada poco tiempo, como si quedarnos en un lugar nos hiciera creer que nos estamos perdiendo algo mejor que, por supuesto, merecemos.

En la infancia, la felicidad nos es regalada. No se planifica ni compara con otras. En la vida adulta, peleamos por recuperarla. La buscamos tras metas, objetivos o logros. Nos equivocamos las veces que haga falta, creyendo que nos hará feliz algo que, en realidad, nunca será suficiente.

Deberíamos reinventar la felicidad. Partir de aquella forma de sentir, la de cuando éramos niños, pero ahora sin ingenuidad. Con la certeza de que también hay belleza en lo conocido, en la estabilidad, en el ritmo natural de la vida. Dejar de correr tras una felicidad idealizada que nos agota, y encontrarla en la serenidad.

Qué envidia sentir tanta belleza en lo sencillo. Uno se va olvidando de eso, y le cuesta prácticamente toda una vida volver a verlo con los ojos de un niño.

# MIRAFLORES

Me siento demasiado solo viviendo algo demasiado bello. Estoy tumbado en mi habitación de hotel en el barrio de Miraflores, Lima, esperando a que esta ciudad deje de negarse a enseñarme el sol. Necesito tocar con otra gente, gente con la que disfrute conversando, que no juzgue tanto si lo que hago es merecedor de éxito o no, que les ilusione estar viviendo esto. No puedo creer que cruzar cordilleras, desiertos y selvas peruanas para tocar pueda parecerme precioso únicamente a mí.

La creatividad también respira y florece distinto dependiendo de con quién la compartes. Si estás rodeado de personas que juzgan en exceso tus ideas o, peor aún, a quienes les dan exactamente igual, acabas por dejar de compartirlas. Y las ideas necesitan salir, pasear, oxigenarse, ir y venir. Quizás esto sea lo peor de no ser una banda: la soledad como un velo que no me deja ver con claridad la fortuna de vivir esta belleza. El guitarrista sigue aquí, absorto en su teléfono cada vez que bajo a desayunar. No soy capaz de prescindir de él. Me sentiría egoísta, una mala persona por quitarle el trabajo a alguien que lo hace bien. Pero hay algo hiriente en viajar tan lejos de casa con gente que, en cada gesto, te da a entender que no te quiere nada.

Necesito volver a disfrutar de esto.

Recuerdo entonces la Lima de las primeras veces. Cuando en el primer viaje, desde el avión, vi todas aquellas embarcaciones flotando sobre el mar nublado. Las mañanas haciendo entrevistas, ir al mejor restaurante del mundo, aunque no me gustase demasiado. Los paseos por el malecón o probar la chicha morada en Barranco.

Es curioso cómo una ciudad puede ser preciosa o consumirte según con quién la compartas. Para mí, Lima ha sido el lugar de los contrastes. La ciudad en la que gané mi primer Latin Grammy y cerré mi primera gran gira internacional. También la ciudad en la que más solo me he sentido nunca, escribiendo este capítulo en un hotel de Miraflores, en el 2022.

## la CREATIVIDAD INFINITA

El día que cumplí diecisiete años hice un autorretrato que parecía la portada de un disco. Era mi cara con una expresión entre sorprendida y esperanzada, rodeada de flores. Era la época en la que ya estaba jugando a hacer música y aquel dibujo me parece ahora la proyección de un sueño. Tomé por costumbre, o tal vez ritual, hacer un autorretrato cada vez que cumplía años. Como mi propia celebración, evolución y comprobación de seguir siendo el mismo. Recuerdo uno en el que yo estaba asomado a una ventana por la que corría un fuerte viento que arrastraba mi cabello y muchos objetos hacia fuera. Bajo el dibujo escribí: «Imaginando infinitas ensoñaciones». Como diciendo: amo cantar, amo dibujar, amo lo infinita que es la creatividad.

Pero ¿lo es realmente?

Yo quiero creer que sí. Que la creatividad no se agota mientras siga ocupando un lugar importante en nosotros. Mientras nos conmueva, sorprenda o simplemente nos acompañe en el silencio. Cuando el vínculo es genuino, se vuelve sagrado. Si un día sentimos que ha desaparecido, tal vez no sea ella quien se haya ido, sino nosotros los que hemos dejado de buscarla en el lugar indicado. Quienes dejamos de ofrecerle lugares nuevos donde habitar y retos donde renovarse.

No entiendo la creatividad como una habilidad estática ni un talento archivado como quien sabe leer partituras o calcular raíces cuadradas. Es algo vivo, sujeto a nuestro ánimo, que a veces fluye como un río y otras se estanca hasta que algo la remueve.

No siempre se trata de insistir en encontrarla, sino de hacerle un sitio, un espacio, como el gato que no responde a la llamada, pero se acurruca contigo cuando te has quedado dormido.

¿Seré capaz de hacer cosas creativas toda la vida? A veces me agota el ritmo que exige la industria musical y me pregunto si podré sostenerlo siempre. Pero más allá de la exposición que le dé, sé que tarde o temprano llega una melodía, una frase o una imagen. Aunque no quiera hacer canciones, siempre aparece una chispa, y yo, débil ante la belleza, me rindo y me rendiré a ella. Una y mil veces.

Y si una canción que me entusiasmaba fracasa, si el algoritmo la ignora, si descubro que la discográfica no es más que un engranaje frío y sin alma, si todo se tambalea y aun así sigo creando, es porque en el fondo hay algo más grande que la razón. Algo que no responde al éxito, ni a la lógica, ni al aplauso. Crear es una forma de estar vivo, una llama que arde desde lo que verdaderamente somos y no deberíamos permitir que nada ni nadie la apague.

## FELIZ FELIZ

Después de escuchar tantas veces que hacía música «buenrollera», y sin estar del todo de acuerdo, pensé que quizás era momento de dedicarle una canción a la felicidad.

Carlos Alberto vivía en mi casa antes que yo. La primera noche que dormí en ella me llevé un buen susto al ver cómo se encendían las luces de movimiento del jardín, especialmente la que había en la puerta de acceso. Me monté la película de que el anterior propietario tenía deudas pendientes y que unos sicarios, al ver que volvía a haber luz en la casa, venían a buscarle. El problema era que ahora me iban a encontrar a mí.

Al mirar por la mirilla, lo vi todo oscuro, como si una mano la estuviera tapando, y me dio un vuelco el corazón: desde la ventana se veía perfectamente que las luces estaban encendidas. Entonces recordé que había colgado de la puerta una máscara de zorro que hice hace años y que seguramente estaba tapando la mirilla. Me quedé apostado en la ventana hasta que vi salir de la entrada un gato rayado. «¡Maldito Carlos Alberto!», grité. Ese era el nombre del anterior propietario y, para colmo, también es el mío, aunque no suela a usarlo nunca completo.

Por magia y sabiduría animal, en mi momento de mayor soledad, Carlos Alberto decidió dejar de ser un gato salvaje para ser el animal más dócil que había conocido nunca. Como si obedeciera a un ángel de la guarda, pasó de huir cada vez que me veía a buscarme, maullar y dejarse abrazar cuando yo quisiera. Renunció a parte de su autonomía a cambio de un vínculo de amor que nos transformaría para siempre y nos daría un nombre compartido. Empezó a vivir ratos dentro y ratos fuera de casa, con su lado salvaje que me traía ratones y culebras de regalo, y su lado tierno, que me maullaba con la voz muy, muy bajita a las seis de la mañana para que le abriera la puerta, ya que no sabía usar el arenero para hacer pis como mis otros dos gatos más caseros, que aceptaban resignados a este nuevo habitante. Recibí su cariño infinito durante aproximadamente un año, hasta que una tarde un vecino encontró su cuerpo sin vida en la entrada de mi casa.

¿Sabéis qué? Infinidad de veces me he emocionado cantando en el escenario. Muchas veces por lo impresionante que es cantar algo íntimo delante de tanta gente prestándote atención. Se me han humedecido los ojos más de una vez, pero solo una vez las lágrimas y el llanto me dejaron sin poder cantar. Fue en el Festival de Les Arts, con decenas de miles de personas bailando en nuestro *show*. Se me ocurrió hacer algo que nunca hago: dedicar una canción. Y es que pienso que los conciertos son para todo el mundo, pero venía de despedir a mi gato y esa canción me hacía pensar en él de manera inevitable. Curiosamente sucedió cantando mi canción más feliz. Esa canción que habla de lo feliz que puede volverse un hogar cuando llega alguien lleno de vida y amor. Sentí algo así con la llegada de mi gato salvaje, Carlos Alberto.

Prácticamente nadie se dio cuenta de que las lágrimas no me dejaban cantar. Tal vez creyeron que se me olvidaba la letra. Las Ray-Ban de mi padre ocultaron mis ojos temblorosos, pero qué sensación tan extraña la de celebrar la felicidad y darte cuenta de que una pequeña pieza que ayudó a formar la tuya ya no está.

En tan poquito tiempo, supo darme lo que más necesitaba. Y todavía hoy, cuando llego a casa por el exterior y escucho moverse las plantas y sus hojas, sé que su amor permanece y me da la bienvenida.

## LUGARES que SOÑÉ

Es muy extraño que no recuerde lo que he soñado al despertar. Pero lo curioso es que el hecho de recordar mis sueños ha provocado que sueñe con recuerdos soñados. Me explico. A menudo sueño con calles o barrios que se repiten. Lugares que en la realidad no existen o no son exactamente así, pero que en mi subconsciente mantienen siempre una forma fija, como si hubieran estado siempre allí.

Curiosamente, nunca tengo pesadillas. Eso hace que los sueños me parezcan escenarios seguros donde jugar a ir más allá de la realidad. Una vez, siendo muy, muy pequeño, en la cama al lado de mis padres, me pareció ver una luz blanca con forma de persona flotando sobre mí. Al ser algo inexplicable, siempre guardé ese recuerdo como un sueño, tal vez como una pesadilla por lo inquietante, aunque aquella luz no me hiciera nada. Ya mayor, sobre los dieciocho años, soñé que andaba por un túnel de vuelta a casa. No había coches ni personas y, en la oscuridad de aquel camino, volví a ver esa luz frente a mí. Nos reconocimos e hicimos las paces. No ha habido más pesadillas.

Muchas veces sé que estoy soñando, aunque no me despierte. Un indicador suelen ser los botones de los ascensores, que aparecen ilegibles y desordenados. Sé que al subir en esa cabina nunca llegaré a casa, siempre pasará de largo y me llevará a azoteas en las que hay talleres de pintura y miradores. Como esa habitación que hay en la casa del pueblo cuando sueño, en la que se ha parado el tiempo y encuentro cintas VHS y juguetes de cuando era niño. En la realidad no existe, pero en los sueños siempre puedo entrar y habitar su nostalgia. Muchas veces pienso «voy a hacer una foto para volver a ver esto cuando despierte», pero es muy difícil llevarse consigo algo de toda esa pureza.

Recordar tanto los sueños puede hacer que su peso a veces llegue a competir con la realidad. Días rutinarios y sin distinción contra sueños extraordinarios que permanecen en tu cabeza hasta pasadas horas o días.

Siempre he pensado que la capacidad de recordar los sueños, e incluso de tener cierta lucidez en ellos, está relacionada con el hábito diurno de explorar el lado creativo de la mente. Pasar el día buscando imágenes e ideas podría dejar esa puerta entreabierta en el cerebro al dormir, permitiendo que la razón asome la cabeza de vez en cuando.

Si nos construye lo que vivimos, ¿no lo hace también lo que soñamos? ¿No existen todos esos lugares que mi imaginación ha construido y diseñado para que pueda habitarlos mientras mi cuerpo descansa?

Hay una calle en mis sueños en la que siempre hay gente. Una calle peatonal, mezcla del Gótico de Barcelona y la calle principal de mi pueblo. Sé que lleva al mar. Al final de la calle hay un puerto, donde siempre hay un atardecer intenso que parece haberse congelado, como si la hora dorada fueran todas las horas del día. Una plaza bonita cerca del mar. Tiendas locales y barecitos. Es una mezcla de todas las calles bonitas por las que he paseado.

Creo que el día que me vaya, recorreré esa calle. Y todas las personas que me he cruzado y que me han hecho sentir bien serán aquellas que la transiten de arriba a abajo, en ese eterno atardecer dorado.

## DEJARLO TODO

Una de las cosas que me duelen del mundo es ser consciente del egoísmo que lo invade. Durante mucho tiempo fui demasiado inocente. Evitaba el conflicto que podía generar simplemente al reclamar mi palabra, mi valor o mi espacio. Aunque generalizar es injusto, en el mundo de la cultura todo esto se agrava. Cuando descubrí lo habitual que era comportarse como un ególatra, me dio hasta miedo empezar a contagiarme yo también. Temía caer en esa espiral de validación constante que gira alrededor de los *likes*, las escuchas y la exposición. Creo que tener plena consciencia de lo que no deseas ser es lo más efectivo para evitarlo.

He visto muchas veces que quien no es más mezquino o pedante es, en realidad, porque no puede serlo, no porque no quiera. Basta con poner a ciertas personas en el foco o en un escenario, a unos centímetros de la ovación, para que aflore su verdadera naturaleza. Como si hubieran estado toda la vida esperando la oportunidad para desatar lo peor de sí mismos. La fama es un escenario perfecto para este tipo de personalidad. Y, además, la arrogancia suele confundirse con autenticidad. «Es que es un artista», dicen, y con eso se justifica cualquier actitud estúpida.

En este consumo rápido y superficial, de la estética sobre la profundidad, las redes han creado una vía nueva hacia la fama donde ni siquiera hace falta tener talento. Solo hay que escuchar gran parte de los éxitos actuales: están diseñados para ser virales, no para permanecer. Ver cómo ese modelo de éxito se impone y se recompensa ha ido desgastando mis energías. Me hace pensar que este lugar del mundo al que llegué con ilusión e ingenuidad es, en realidad, un sitio inhabitable para la bondad y la felicidad tal y como yo las entiendo.

Para colmo, me escribió hace poco un amigo. Me contó que, por casualidad, se sentó detrás del Géminis en una cafetería y lo escuchó poner verde a toda la escena musical, con una frialdad que le dejó impresionado. Cuando llegó mi turno se rio y dijo: «Ese, como ha estudiado publicidad, ha sabido convencer a la gente para que lo escuchen». Más de diez años después de haber trabajado conmigo, continúa reduciendo todo mi camino a cualquier cosa que no sea el talento artístico. Me entristece que haya tanta gente tratando la música como una cuestión de astucia, como si la sensibilidad fuera un truco que se aprende en una oficina.

Mi relación con la discográfica está peor que nunca. Me recuerda a esa sensación de coger un número en la pescadería y ver que hay ochenta personas por delante. Siento que estorbo, que molesto, que solo sigo ahí porque doy poco trabajo y, con el mínimo esfuerzo, ya consigo que salgan los números. No hay intención de tomar riesgos económicos ni de poner a un buen equipo de personas para hacerme crecer. Es más fácil centrar los pocos recursos en artistas que sí están orientados a la venta.

Luego están esos «*songwriting camps*» en estudios millonarios donde doce personas intentan fabricar una canción para un artista que ni siquiera está presente, pero que generará millones de escuchas y llenará los bolsillos de los involucrados. Alguien dice: «Esa frase va a funcionar en TikTok, vamos a meterla». En un mundo donde todo se sintetiza, donde se premia lo evidente y se romantiza lo superficial, ¿qué va a pasar con la verdadera belleza? Jugar con esas reglas es terrible para quienes no soñamos con ser virales. Me desgasto, me vuelvo a desgastar.

El mundo ya no tiene tiempo ni para descubrir el resto de las canciones de un disco. Solo importa el *single*. Es imposible mostrar matices: hay que resumirlo todo. Con *Realismo Mágico* me sentí completamente solo. No hubo un plan real de lanzamiento. Nadie me acompañó para comunicar que aquellas canciones existían, que detrás había un concepto, una idea sobre la ternura y sobre las pequeñas cosas que suavizan el mundo que yo necesitaba comunicar. A la compañía solo se le ocurría decirme: «TikTok, TikTok», no sin antes sugerir que me presentara al Benidorm Fest. Ya no tenía un equipo con gente que sumase, tenía una jefa de *marketing* terca y obsoleta con la que era imposible entenderse.

Poco a poco, la discográfica me estaba convenciendo de que una canción que no llegaba al millón de escuchas en un mes no era lo bastante buena. Que no valía la pena invertir más en ella. A por otra. Que no pare la cadena de producción.

Es muy duro ver cómo las personas a las que les diste todo el catálogo de tu carrera desaparecen. Ya no tienen tiempo para escucharte, no tienen interés por lo que haces, y te asignan a los becarios de los becarios que llevan tu día a día y el de cien artistas más. Necesitaba gente que me mirase a la cara, que me ayudara a hacer realidad sueños nacidos desde lo creativo. No que solo pensaran en cómo vender, en poner precios abusivos a los discos, o en gastarse el dinero en productores que lleven mis canciones a un sonido más urbano que no me representa.

Me sentía desconectado de la banda, de la compañía, de todo. Cansado de trabajar sin descanso y empezar a preguntarme si realmente valía la pena seguir dedicando toda mi vida y energía a algo que me había hecho tan feliz durante diez años, pero que empezaba a angustiarme. Y, además, me topaba con esa dificultad para compartir los problemas sin ser juzgado como privilegiado quisquilloso.

No quiero estar siempre generando novedades, siguiendo modas, buscando quince segundos virales o grabándome en modo selfi para convencer a la gente de que escuche mis canciones. No quiero ser ese nuevo tipo de artista, solo quiero seguir disfrutando de la creatividad.

¿De verdad vale la pena? ¿Y si ha llegado el momento de parar? Salir de esta carrera extenuante, esta exposición inagotable. No tengo ambición de algo más grande. Ya viví mucho más de lo que habría soñado cuando recibí aquella llamada en mi trabajo de publicidad.

Pensé en parar todo esto. Decidí hacerlo cuando terminara la gira latinoamericana de *Realismo Mágico*. Tal vez ya era suficiente.

## la CARTA de COLORES

El sol entra con fuerza a través de las ventanas de cristal del hotel en Ciudad de México. En Barcelona duermen, y aquí deciden dónde ir a cenar. El planteamiento de si la música me hace feliz o no sigue rondando mi cabeza, pero antes de tomar ninguna decisión, terminaré esta gira y disfrutaré del *show* en el Auditorio Nacional como un regalo. Mi concierto más grande hasta la fecha.

La mañana del concierto, un grupo de fans ha descubierto en qué hotel nos hospedamos y espera en el *hall*. Bajo aturdido por el *jet lag*, con gafas de sol, a desayunar. Siento que algunas personas me miran, pero no me detengo.

«Carlos», me parece escuchar desde una voz tímida y poco decidida. Pero sigo andando, arrastrado por una extraña tristeza que me hace sentir incapaz de girarme con una sonrisa.

«Carlos, por favor», insiste otra voz. Esta vez sí me giro y voy hacia ellos. Los abrazo, nos hacemos fotos, me dan regalos, y al final, una chica me entrega un pequeño sobre de colores. Guardo todo en los bolsillos, desayuno y subo de nuevo a la habitación. Allí respondo algunas entrevistas por *email*, me ducho y, al vestirme, veo el sobre sobre la mesa. Lo abro y leo aquella carta de colores.

En ella, la chica me cuenta algunas cosas de su vida, me habla de momentos difíciles en los que mi música la ha acompañado y al final escribe una frase que puede que haya leído más veces, pero nunca con el peso de esta: «Nunca dejes de hacer lo que haces».

Quizás había pensado demasiado en lo que la música estaba siendo para mí, pero no tanto en lo que significaba para los demás.

Había insistido a mi madre para que viniera al concierto, pero le pareció demasiado jaleo. Me habría gustado que estuviera allí y que, al terminar, me dijera algo como: «No ha estado mal, no ha estado mal... pero ese pantalón no te favorece». Alguna de esas frases suyas, mezcla de orgullo, emoción y crítica cariñosa. Desde el primer dibujo que ganó el concurso del colegio hasta el *show* internacional más grande. Acepto ese «todo puede mejorarse» con cariño y deportividad.

Pedí que, al terminar el *show*, sonara *Un millón de amigos*, de Roberto Carlos. Esa canción debió de sonar mil veces mientras yo estaba en el vientre de mi madre y ahora cobraba más sentido que nunca. Rodeado de casi diez mil personas que habían seguido mi música, y de compañeros que no se lo quisieron perder. Algo parecido a volver al vientre materno, supongo.

A pesar de que por cuestiones logísticas faltaban muchas personas queridas, por ahí andaban muchas otras que habían caminado conmigo en esa aventura mexicana. Entre ellos, Kin, mi mánager actual, que fue quien tuvo la idea loca de hacer este *show* cuando yo no me atrevía y me recordó la idea de rodearte de gente que crea en ti más que tú mismo. También Neus, Robbie, Jorge Chiwo o Melissa, mi primera amiga mexicana, que lleva acompañándome en los conciertos desde mis primeras veces allí.

Dos días después, en el camerino del Teatro Diana de Guadalajara, mi compañera Lau me avisa de que hay un chico con una enfermedad terminal al que le haría ilusión saludarme. Digo que por supuesto, mientras una sensación extraña me recorre. Como si todas mis preocupaciones se encogieran hasta volverse ridículas. Finalmente el chico no aparece, pero pienso en él entre bambalinas. En qué le habría dicho que tuviera sentido. Qué esperaba él de mí en ese encuentro.

El *show* volvió a ser precioso. La gente, cómo cantaban, sus caras, algunos se besaban, otros lloraban, todos bailaban. Imposible no conmoverse ante aquella pasión que inundaba el aire y entraba en mis pulmones. Imposible no salir de ese teatro con una energía extraordinaria. Volvemos al hotel en furgoneta. Alguien del equipo observa que un coche nos sigue y eso, en la noche mexicana, siempre nos asusta un poco. Al llegar, en la entrada, varias personas me rodean por precaución, pero del coche salen unos padres con su hijo gritando: «Carlos, te seguimos desde el teatro. Venimos con el chico que no te pudo saludar».

Ambos nos acercamos y nos abrazamos. Le pregunto si le gustó el *show*, si toqué sus favoritas, qué música anda escuchando. Él no puede dejar de sonreír. Yo trato de no romper a llorar. Como esa gente que se contiene para no llorar viendo una película acompañados, le pido a mis ojos que hagan el esfuerzo de mantenerse secos por unos minutos. Por lo menos hasta que él se despida. Aguanto estoicamente. Cuando se va, exhalo hondo bajo la mirada cómplice de Lau, que ha sido testigo del encuentro. Entro en el baño del hotel, me lavo la cara y me quedo mirando al espejo. Me pido perdón. Me prometo no ser idiota. Y me repito lo mismo que escribió aquella chica en el sobre de colores: «Nunca dejes de hacer lo que haces».

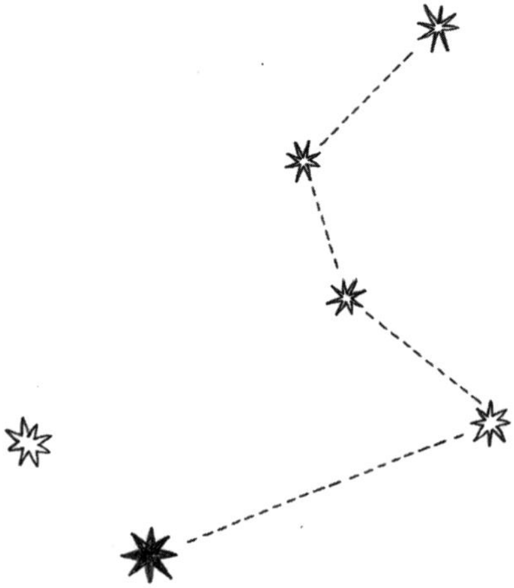

## lo BUENO y lo BELLO

«Carlos, vos sos un alma nueva, acabas de llegar a este mundo», me dijo Eleonora, experta en estas cosas de las que yo, sinceramente, soy más bien escéptico. Dice que por eso me duele el mundo, porque los que acabamos de llegar somos demasiado idealistas. Aún no se nos ha endurecido la piel y nos fascina demasiado lo bueno y lo bello como para que no nos afecte cualquier cosa injusta con ello.

«Yo siempre he pensado que esta es mi primera vida», le digo. Y tal vez por eso no creo en reencarnaciones ni cosas parecidas. Entonces me planteo dos opciones que me llevan a vivir la vida de la misma manera: como si fuera la única que tengo… y como si fuera la primera, la que recordaré en todas las demás. Sea como sea, intento vivirla de forma que valga la pena recordarla, por si acaso, y que, aunque sea solo para mí, sea memorable.

Quizás haya entendido también que donde no alcanza la memoria, florece la imaginación. Eso me hace pensar en *Funes el memorioso*, aquel personaje de Borges que, tras un accidente, adquiere una memoria absoluta. ¿Cómo sería la vida si pudiéramos recordarlo todo? Como la imaginación infinita, la memoria eterna sería más un castigo que un milagro. Nos volvería prisioneros de la experiencia, atrapados en cada detalle vivido, fuera importante o trivial. Tal vez, y me duele admitirlo, el olvido sea la forma más profunda de libertad.

Escribir sobre el ruido que hacen las estrellas ha sido una forma de ordenar la belleza. De dialogar con la infancia para entender el presente. De revisar heridas para no llevármelas al futuro. De perdonarme y perdonar a los que no encontraron su mejor versión para tratar conmigo. También de aprender a merecer: cuando lo logré, descubrí que el disfrute se multiplicaba, que las cosas podían vivirse en una dimensión mucho más profunda. Aprendí a merecer un amor bonito y correspondido, a merecer el dinero que vale tu trabajo, ese que construyes día y noche con toda tu energía, a merecer los halagos sin restarles valor como solía hacer. He tardado tanto en aprenderlo que siento pena por los placeres que quedaron opacados.

Un día me metí en la piscina al caer la tarde y, por primera vez, no me sentí culpable ni injusto. Me dejé envolver por el agua templada, escuché el vaivén de los árboles y el canto de algún pájaro, me perdí en los colores que se repartían entre el cielo, el mar y las nubes. Y me emocioné: por fin me sentía merecedor de aquel instante precioso de descanso que antes habría recibido con culpa o pudor. Merecer no es una concesión que nadie nos deba dar, es una manera de estar en paz con lo que la vida nos ofrece.

## lo ULTRABELLO

Cuando tenía siete años, un día, después de comer, salí a la terraza. Debía de ser primavera. Hacía un día claro, con algunas nubes blancas. Miré al cielo y me quedé fascinado por tener aquello justo encima de mi casa. Sabía que estaba ahí, pero nunca había valorado la existencia del cielo tan al alcance. Me tumbé en el suelo y miré aquella bóveda infinita hasta que tuve que volver al colegio. Al día siguiente hice lo mismo. Y al otro. Y al otro. Durante días volví a tumbarme con fascinación, hasta que me acostumbré. Como uno se acostumbra al milagro de estar vivo. Y dejé de mirar hacia arriba.

He vivido todo este camino con miedo a acostumbrarme a la belleza hasta dejar de sentirla. Cuando he pensado en dejar de lado el arte, no ha sido por falta de amor, sino por pérdida de perspectiva. Por poner todas las cosas que me pesan en un lado de la balanza..., pero olvidar, al otro lado, el valor infinito de la belleza.

En un mundo donde la belleza se ha reducido a lo plástico, cosmético y superficial, quiero recordarme que el simple hecho de estar presente, de existir por un instante en este minúsculo rincón de la eternidad, ya es algo extraordinario. Ojalá lo hubiera entendido antes. Que la verdadera belleza está en lo cotidiano. En lo que cualquiera puede alcanzar.

Haber sido niño.

Amar.

Contemplar un horizonte y sus nubes.

Acariciar el rostro de un caballo.

Que te lama un perro.

Dormir con el ronroneo de un gato, o de varios.

Emocionarse recordando algo que estuvo ahí y dejó su nombre grabado en las paredes del corazón, como dos enamorados que rascan con una llave el tronco de los chopos que crecen junto al río.

«S y A, 1983.» Yo ni siquiera había nacido cuando ese árbol ya daba sombra a mis padres. Testigo de una historia con sus canciones favoritas, sus miedos y sus motes cariñosos. Él cree que su belleza es tan grande que la llama «bellota».

Durante años pensé que la llamaba «bellota» por la fruta de la encina, que es pequeña, pero robusta. Pero al crecer entendí que no era una metáfora botánica, sino un adjetivo superlativo camuflado. «Bellota» no venía del fruto, sino de «bella», transformada con un aumentativo inventado un poco bruto para restarle cursilería sin perder la ternura. Un equilibrio perfecto entre humor y cariño, entre lo tonto y lo precioso.

A los mortales nos fascina lo eterno, al universo le fascinamos nosotros.

Me pregunto si S o A recuerdan el día en que grabaron sus nombres en aquella corteza. Si alguna vez vuelven a esa arboleda en busca de ese instante detenido en el tiempo o, como yo, se acostumbraron a la belleza imperecedera del cielo.

No sé si habrá otra vida, o varias, después de esta. Ta vez ninguna, pero esta que ahora habitamos sigue en marcha y me gustaría vivir lo que queda con la sabiduría suficiente como para ser feliz. No con las cosas o los logros. Sino con la lucidez del que ha dejado de correr detrás de lo que no importa. Haber aprendido a soltar el equipaje innecesario, sintiendo que todo lo que necesito va siempre conmigo.

No creo en la vida después de la muerte. Y odio no creer en ello. Me hubiera encantado hacerlo cuando murieron mis abuelos y otros seres queridos. Tal vez esa sea razón suficiente para creer. Y quizás aún esté a tiempo. Pero sí creo que algo nuestro permanece después de irnos y no hablo de energías ni de cosas místicas.

Hablo de nuestra forma de querer. De mirar el mundo, de reírnos con los demás. Creo que eso permanece en las personas a las que amamos, incluso cuando ya no estamos. Como una chispa que se enciende en otro cuerpo y en otro tiempo. Por eso es importante querer mucho y querer bien. Porque ese amor se transmite y se contagia a aquellos a los que queremos. Y esa ternura, invisible pero real, acabará habitando un mundo que ya no conoceremos. Tal vez un mundo que lo necesite más que este.

Esa será nuestra vida después de esta: nuestra manera de amar.

Así, cuando el mundo ya no nos pertenezca, seguiremos vibrando.

Y la belleza que hayamos creado
en el avance de la eternidad
será un eco que lentamente se mezcle
entre el ruido de las estrellas.

# Índice

Este libro terminó de imprimirse en octubre de 2025, diez años después de *La Idea Salvaje*, aquel disco fruto de la creatividad más libre que cambió mi vida para siempre.

Todo lo que se cuenta en este libro seguramente sea producto de mi imaginación. Cualquier parecido con la realidad habrá sido una inevitable casualidad.